Patrizia Nanz
Charles Taylor
Madeleine Beaubien Taylor

Das wird unsere Stadt

Patrizia Nanz
Charles Taylor
Madeleine Beaubien Taylor

Das wird unsere Stadt

Bürger:innen erneuern
die Demokratie

Aus dem Englischen
von Rita Seuß

Copyright © 2020 by the President and Fellows of Harvard College

Translated from the English language: »Reconstructing Democracy. How Citizens are Building from the Ground up«, first published in the U.S. by: Harvard University Press.

Bibliografische Information der Deutschen Nationalbibliothek

Die Deutsche Nationalbibliothek verzeichnet diese Publikation in der Deutschen Nationalbibliografie; detaillierte bibliografische Daten sind im Internet über http://dnb.d-nb.de abrufbar.

© Edition Körber, Hamburg 2022

Umschlag: Groothuis. www.groothuis.de
Lektorat: Werner Irro, Lukas Kübler
Herstellung: Das Herstellungsbüro, Hamburg | www.buch-herstellungsbuero.de
Druck und Bindung: CPI – Clausen & Bosse, Leck
Printed in Germany

ISBN 978-3-89684-292-3

Alle Rechte vorbehalten

www.edition-koerber.de

Inhalt

	Einleitung	7
1	Die Neugestaltung lokaler Gemeinschaften	15
2	Unterstützung für den Wiederaufbau politischer Gemeinschaften	35
3	Beiträge zur demokratischen Erneuerung	91
	Schluss	99
	Dank	105
	Anmerkungen	106

Einleitung

Die Überzeugung, dass unsere Demokratien schwierige Zeiten erleben, ist in westlichen Gesellschaften weit verbreitet. Zahlreiche Umfragen zeigen, dass das Vertrauen in die Demokratie als System schwindet. Insbesondere junge Menschen halten die Demokratie für eine schlechte Staatsform und eine autoritäre oder technokratische Regierung für eine bessere Alternative.[1] Gleichzeitig führen politische Entwicklungen zu tiefen Spaltungen innerhalb der Bevölkerung demokratischer Gesellschaften. Das Brexit-Referendum im Vereinigten Königreich und Donald Trumps erfolgreicher Präsidentschaftswahlkampf, der die Sehnsucht nach einer verlorenen Vergangenheit, als Amerika »groß« war, beschworen hat, befeuerten xenophobe Aufrufe, »Fremde« auszugrenzen. Sie richteten sich an all jene, die selbst das Gefühl hatten, sozial abgehängt zu sein.

Die Erosion des Sozialstaats und die Verwerfungen des Wirtschaftssystems haben den Menschen vor Augen geführt, dass sie nicht nur in kapitalistischen Marktwirtschaften leben, sondern auch in kapitalistischen Gesellschaften, in denen das Wirtschaftsgeschehen von sozialen Interaktionen entkoppelt ist. Diese Entkoppelung war Ziel der neoliberalen Reformen der vergangenen Jahre. Tatsächlich wurden sowohl die demokratische Politik wie auch eine Vielzahl von Aspekten des Alltagslebens der betriebswirtschaftlichen Logik von Unternehmen und Banken unterworfen. Die Behauptung während und nach der Finanzkrise von 2008, bestimmte Banken seien »too big to fail«, zu groß, um sie pleitegehen zu lassen, und müssten deshalb um jeden Preis gerettet werden, sowie die Feststellung, zu den rigorosen Bailout-Deals für Griechenland und einige andere Staaten der Eurozone gebe es »keine Alternative«, haben diese Demokratien schwer beschädigt. Denn demokratische Politik muss ihrem Wesen nach *immer* alternative Wege aus der Krise anbieten.

Auch soziale Medien und digitale Kommunikationstechnologien allgemein haben zur Erosion der demokratischen Kultur in den vergangenen zehn Jahren wesentlich beigetragen. Die Digitalisierung verschafft einerseits den Bürger:innen einen einfachen und umfassenden Zugang zu Informationen und gibt ihnen das Gefühl, dass ihre Ansichten und ihr Handeln zählen. Initiativen wie www.govtrack.us und @YourRepsOnGuns in den Vereinigten Staaten, www.theyworkforyou.com im

Vereinigten Königreich und www.openaustralia.org.au in Australien haben die Transparenz der politischen Entscheidungsfindung wesentlich erhöht und Gleichgesinnten geholfen, Netzwerke aufzubauen und Unterstützung zu mobilisieren. Andererseits vergrößern die weitgehend anonymen sozialen Netzwerke des Web 2.0 – und das entpolitisierte (oder, wie in Talkshows, pseudopolitisierte) Fernsehen – die Distanz zwischen den Bürger:innen und der politischen Sphäre. Diese Form des Medienkonsums verhindert kollektives Lernen und sinnvolle Beratschlagung (Deliberation), weil es vorrangig darum geht, Gesinnungsgenossen zu finden und in »Echokammern« abweichende Meinungen niederzubügeln. Auf diesem Nährboden gedeiht der digitale Populismus.

Zusammenfassend bedeutet das, dass liberale Demokratien vor zwei großen, eng miteinander verflochtenen Herausforderungen stehen: einem zunehmenden Verlust ihrer Fähigkeit, Probleme zu lösen, und einer wachsenden Kluft zwischen den politischen Eliten und der Bevölkerung. Demokratische Systeme scheitern bei der Gestaltung einer besseren Zukunft (man denke nur an die Umweltpolitik) nicht nur oft an der Macht von Lobbyverbänden und Konzernen (wie beispielsweise der Autoindustrie oder der Öllobby); oft wissen ihre gewählten Mandatsträger auch nicht, welche Strategien die richtigen sind, oder befürchten, durch unpopuläre Maßnahmen ihre Wählerschaft zu verlieren. Politiker:innen scheuen sich, Verantwortung zu übernehmen, weil sie unsicher sind, was die Menschen wollen oder zu akzeptieren bereit sind. Wer den Mut aufbringt, unpopuläre Maßnahmen zu ergreifen, riskiert Gegenreaktionen in der Art der Gelbwesten in Frankreich. Diese Protestbewegung gegen umweltpolitische Reformen entstand aus dem (berechtigten) Eindruck, Präsident Emmanuel Macrons Plan einer Steuererhöhung für fossile Brennstoffe lasse außer Acht, wie abhängig einkommensschwache Haushalte in ländlichen Regionen von bezahlbarem Dieselkraftstoff sind. Schon bald gelang es rechtspopulistischen Politiker:innen wie Marine Le Pen, zumindest einen Teil der Empörung für ihre Zwecke zu kanalisieren.

Natürlich ist der Handlungsspielraum nationaler Regierungen durch die politische Globalisierung eingeengt. Aber auch globale Vereinbarungen legen ihnen Beschränkungen auf, wie das Pariser Klimaabkommen, das zur Bekämpfung des gefährlichen Klimawandels die Begrenzung der globalen Erwärmung auf deutlich unter 2 Grad Celsius gegenüber vorindustriellen Werten und eine Reduzierung des CO_2-Ausstoßes der globalen Wirtschaft vorsieht. Solche Transformationen in Richtung Nachhaltigkeit müssen aber nicht nur auf globaler Ebene umgesetzt werden; Politiker:innen müssen auch auf nationaler und vor allem lokaler Ebene Perspektiven einer nachhaltigen Lebensweise entwickeln und realisieren.

Auf dieser lokalen Ebene muss demokratische Politik revitalisiert werden.

Viele Menschen sind überzeugt, dass unsere Systeme der repräsentativen Demokratie einer Reform bedürfen, die auch Veränderungen in der Struktur und Arbeitsweise politischer Parteien umfasst, die in diesen Systemen eine zentrale Rolle spielen; außerdem müsse die Macht des Geldes in diesen Systemen gebrochen werden. Andere plädieren für eine Reform der Öffentlichkeit. Diese ist heute wie nie zuvor in Echokammern zersplittert, die von den sozialen Medien geschaffen wurden und nicht miteinander kommunizieren. Es wird beispielsweise vorgeschlagen, öffentliche Plattformen als Alternative zu Facebook und anderen sozialen Medien einzuführen oder staatlich kontrollierte Plattformen zu schaffen, um der gezielten Verbreitung irreführender Information entgegenzusteuern.

Wir teilen die Auffassung, dass Veränderungen dieser Art notwendig sind, möchten diese Reformagenda aber gern ergänzen: Um verantwortungsvolles Regierungshandeln wiederherzustellen, müssen wir unserer Ansicht nach die Demokratie von unten her neu aufbauen. Nur wenn wir die Demokratie an der Basis stärken und neu beleben, gewinnen die Bürger:innen Klarheit darüber, welche Forderungen sie erheben wollen und welche Zukunft sie sich für ihre Kommune oder Region vorstellen. Nur dann können lokale Gemeinschaften den nötigen

Druck auf ihre Repräsentanten in den politischen Entscheidungsgremien ausüben, um mutigere Strategien voranzubringen.

In diesem Buch skizzieren wir zunächst die Herausforderungen, vor die sich die lokalen Gemeinschaften und ihre Mitglieder gestellt sehen. Der Niedergang der Demokratie ist eng an die Erosion lokaler Gemeinschaften und Kommunen gekoppelt. Von der Deindustrialisierung zerrüttete Regionen, wie die Appalachen und der Rust Belt in den Vereinigten Staaten oder die Lausitz in den Bundesländern Brandenburg und Sachsen, werden oft zu Hochburgen eines fremdenfeindlichen Populismus.

Diese lokalen Gemeinschaften wiederaufzubauen, erfordert Formen des politischen Handelns, die neue solidarische Bindungen erschaffen und die Interessen und Ziele von Angehörigen der Gemeinschaft miteinander in Einklang bringen. Sie müssen auch kreative Kräfte freisetzen, um vielschichtige Probleme zu lösen und die kollektive Handlungsfähigkeit zu unterstützen. In Kapitel 2 betrachten wir zwei Formen solch politischen Handelns: erstens die Selbstorganisation auf kommunaler oder Stadtteilebene – auch, aber nicht nur, innerhalb der Grenzen kommunaler Verwaltung –, um einen Konsens über die Bedürfnisse und Ziele einer lokalen Gemeinschaft zu erreichen und deren Umsetzung zu fördern; und zweitens Formen der Bürgerbeteiligung, die von der Regierung initiiert werden, um gemeinsame Ziele mit

Bürger:innen zu definieren, die meist kein offizielles Amt und keine Funktion auf irgendeiner Regierungsebene haben. Wir stellen erfolgreiche Beispiele des Community Organizing und der Bürgerbeteiligung vor, um besser zu verstehen, wie die Demokratie von unten her wiederaufgebaut werden kann. In Kapitel 3 kehren wir zu den Mechanismen zurück, die zusammen mit der Neugestaltung lokaler politischer Gemeinschaften helfen können, die Demokratie als politisches System wiederaufzubauen und zu erneuern.

Kapitel 1
Die Neugestaltung lokaler Gemeinschaften

Der Wiederaufbau unserer Demokratien muss von unten beginnen. Er erfordert eine Veränderung der Weise, wie lokale Gemeinschaften auf Probleme und Missstände reagieren. Wirksam zu reagieren heißt in der Praxis ungefähr Folgendes: Unterschiedliche Vertreter:innen örtlicher Vereine und Organisationen treffen sich, um zu überlegen, wie sie mit ihrer oftmals sich immer weiter verschlechternden Situation umgehen können – Handelskammern, Kirchen, Ortsverbände oder einfach Bürger:innen, die sich aktiv beteiligen möchten. Sie versuchen, einen Plan zu erarbeiten, etwa um neue Formen der Beschäftigung zu finden, wenn ältere oder traditionelle Arbeitsverhältnisse wegfallen.

Derzeit reagieren viele Städte und Regionen nicht wirksam auf neue Herausforderungen. Ein klassisches Beispiel sind westliche Staaten, die erkannt haben, dass sie im Kampf gegen die globale Erwärmung aus dem

Kohleabbau aussteigen müssen, beispielsweise in den Appalachen der USA oder in der brandenburgischen und sächsischen Lausitz. Dasselbe Problem stellt sich in den ehemaligen Industrieregionen der USA und Frankreichs, wo sowohl die Konkurrenz sich industrialisierender Länder als auch die Automatisierung der Arbeitssysteme die heimische Industrie zerstört haben. Diese Regionen haben jahrzehntelang unter Deindustrialisierung, einer neoliberalen Fiskalpolitik und politischer Vernachlässigung so schwer gelitten, dass ihnen heute die Ressourcen fehlen, um den aktuellen und künftigen Herausforderungen wirksam begegnen zu können.

Diesen Kommunen mangelt es nicht nur an finanziellen Mitteln und politischem Einfluss, sondern auch an Ressourcen, die manchmal noch schwerer zu beschaffen sind, weil sie nicht einfach von einem Teil der Gesellschaft auf einen anderen übertragen werden können, wie es die deutsche Bundesregierung im Lausitzer Revier versucht, wenn sie gewaltige Geldsummen in die Region leitet. Die Ressourcen und Fähigkeiten, die wir meinen, gehören zum Sozialkapital und zur Kultur.

Die Kohle-, Stahl- und Fertigungsindustrie hat nicht nur die Qualifikation und das Einkommen großer Teile der Bevölkerung geprägt, sondern auch die Kultur der Region, beispielsweise die Vorstellung davon, was es heißt, ein Arbeiter zu sein oder für die Familie zu sorgen. Mit der Deindustrialisierung haben diese Gemeinschaften deshalb nicht zuletzt auch einen Teil ihres Selbstwertgefühls und ihrer Selbstachtung eingebüßt – als Individuen, aber auch als Kollektiv.

Im Zuge des wirtschaftlichen Niedergangs haben diese Gemeinschaften zusammen mit ihrem Selbstwertgefühl auch die Zuversicht verloren, politisch etwas bewirken zu können. Politiker:innen haben globalen Freihandel und neoliberale Arbeitsmarktreformen gepredigt und versprochen, deren Segnungen würden als Trickle-down-Effekt letztlich allen Haushalten zugutekommen. Doch in der Lausitz oder im amerikanischen Rust Belt dauert der Niedergang jetzt schon so lange, dass die Menschen das Vertrauen in das politische System verloren haben und sich zunehmend als wehrlose Opfer einer anonymen Maschinerie fühlen. Wer kann, wandert in die Städte ab, und diejenigen, die bleiben, ziehen sich ins Private zurück.

Im Ergebnis büßt die lokale Gemeinschaft ihre Fähigkeit zur Selbstorganisation und zur Entwicklung zukunftsweisender neuer Ideen ein. Sie verliert auch die Fähigkeit, ihre Abgeordneten wirksam zu beeinflussen. Damit kommt ein verhängnisvoller, sich selbst verstärkender Kreislauf in Gang: Die politische Wirkungslosigkeit der Gemeinschaft verstärkt die bereits vorhandene Erosion des lokalen politischen Gemeinwesens. Mehr und mehr kommt den Wähler:innen grundsätzlich das Verständnis für die Mechanismen des Wandels abhanden.

Sie wissen nicht mehr, wie sie ihr Schicksal kollektiv in die eigenen Hände nehmen und etwas bewirken können. Dieses Dilemma, das für die genannten Kohlereviere typisch ist, wird sich zunehmend auch andernorts zeigen. Etwa auch beim Erdöl, beispielsweise in der Erdölindustrie der kanadischen Region Alberta. Der Rest Kanadas steht Ölpipelines zunehmend ablehnend gegenüber, teils aus Angst vor den Folgen für die Umwelt im Falle eines Lecks, teils aber auch aus dem Bewusstsein heraus, dass wir von der CO_2-intensiven Energie wegkommen müssen. Gleichzeitig verfallen immer mehr Industriestandorte, denen die Konkurrenz aus den Schwellen- und Entwicklungsländern und die Automatisierung vor allem durch die rasante Entwicklung der künstlichen Intelligenz zusetzen. Die Erosion lokaler Gemeinschaften hat tief greifende Auswirkungen auf das politische System unserer Demokratien, denen wir uns nun zuwenden.

*

Was wir als schwindendes Verständnis der Wähler:innen für die Mechanismen des Wandels beschrieben haben, ist Teil einer umfassenden Abkoppelung unseres Systems der repräsentativen Demokratie von den Bedürfnissen und Bestrebungen der breiten Bevölkerung. Moderne Demokratien brauchen, anders als die antike griechische Polis, repräsentative Institutionen, um funktionieren zu können. Diese Institutionen komplett durch direkte Demokratie zu ersetzen, ist keine Option. Aber damit Demokratie *wirklich* funktioniert, muss es eine stabile Verbindung zwischen diesen Institutionen und den Zielen und Anliegen der Bürgerschaft geben. Diese Verbindung kann allerdings leider verschleißen oder sogar reißen. Dafür gibt es verschiedene Gründe.

Erstens: Die Agenda moderner Gesellschaften ist umfangreich und vielgestaltig. Regierungen steuern nicht nur unsere Wirtschaft in einer globalisierten Welt, sondern finanzieren und verwalten auch Sozialsysteme, treffen weitreichende Entscheidungen zu Ehe und Familie, verfolgen außenpolitische Ziele und so weiter. Nicht alle Punkte dieser Agenda können immer in gleicher Weise im Vordergrund stehen, und inwieweit sie in der öffentlichen Aufmerksamkeit Beachtung finden oder nicht, hängt weitgehend davon ab, welche Rolle sie in der Öffentlichkeit und insbesondere in den führenden Medien spielen. Die vitalen Bedürfnisse einiger Bürger:innen können in den Hintergrund gedrängt werden, weil andere Themen die öffentliche Diskussion beherrschen. In jüngerer Zeit geschah dies in vielen westlichen Ländern mit Bezug auf die ungleiche Verteilung der wirtschaftlichen Vorteile von Freihandel und Globalisierung. Erst der drohende Wahlerfolg von Populisten auf Kosten der Mainstream-Parteien brachte dieses Problem ins Zentrum der Diskussion.

Zweitens: Geld ist in demokratischen Gemeinwesen eine starke Macht. Es verschafft einigen Individuen Kontrolle über die Medien und bestimmt die eben erwähnte Verzerrung der öffentlichen Aufmerksamkeit für bestimmte Themen. Lobbyismus und Wahlkampffinanzierung können mit Geld aber auch sehr viel direkteren politischen Einfluss nehmen, wie es das Beispiel der Vereinigten Staaten besonders deutlich zeigt.

Drittens: In den letzten Jahrzehnten haben neoliberale Illusionen über die Natur der Märkte und ihre angeblich positiven Effekte auf eine gerechte Verteilung des neuen Reichtums einige der eklatantesten Ungleichheiten verschleiert oder verharmlost. Am Ende, so hieß es, würden sich die Dinge schon einrenken.

Die beiden letztgenannten Trends haben zu einer Entwicklung beigetragen, die von vielen als die derzeitige Krise der liberalen westlichen Demokratie beschrieben wird. Der Aufstieg rechtspopulistischer Bewegungen in Europa und den Vereinigten Staaten ist eine ernste Herausforderung für die egalitäre, offene Demokratie, die wir in der Nachkriegszeit aufzubauen versuchten und die die grundlegenden Werte der amerikanischen Republik und der Europäischen Union verkörpert.

Der eklatanteste Befund ist die Zunahme von xenophobem Misstrauen gegen »Fremde« und der Ablehnung von Zuwanderung, ja sogar von verzweifelten Geflüchteten. Zum Aufschwung dieser Bewegungen hat zweifellos beigetragen, dass Angehörige der Arbeiter- und Mittelschicht in vielen Staaten das Gefühl haben, dass der eigene Lebensstandard immer weiter sinkt; dass sie nach dem Wohlstand der Nachkriegszeit – die Franzosen sprechen von *Les Trente Glorieuses*, den dreißig glorreichen Nachkriegsjahren – den Anschluss verlieren; dass sie und noch mehr ihre Kinder erleben müssen, wie soziale Mobilität nur noch eine Abwärtsbewegung kennt und gute, sichere Jobs immer schwerer zu finden sind; dass sie, mit anderen Worten, in einer Welt leben, in der Arbeitsplätze zunehmend knapper, zeitlich befristet und prekär sind.

Tatsächlich haben Globalisierung und Automatisierung in einer Zeit des Laissez-faire-Neoliberalismus zu einer massiven sozialen Ungleichheit geführt, die sich durch die Finanzkrise 2008 und eine rigorose Austeritätspolitik noch verschärft hat. In den einst blühenden Industrieregionen und Kleinstädten zahlreicher Länder, besonders in den Vereinigten Staaten und in Frankreich, führte dies zu einer dramatischen Verschlechterung des beruflichen und sozialen Lebens. Dieses Gefühl der Vernachlässigung trieb viele Wähler:innen dieser Regionen dazu, der illusionären und diskriminierenden Politik eines Donald Trump oder einer Marine Le Pen ihre Stimme zu geben.

Den Mainstream-Parteien wurde vorgeworfen, »Fremde«, vor allem Zuwanderer:innen und Geflüchtete, gegenüber den »echten« Franzosen oder Amerikanern zu bevorzugen. Und selbst in Gesellschaften, deren Wirtschaft in einem sehr viel besseren Zustand und deren Beschäftigungsrate immer noch hoch ist wie etwa in Deutschland, werden gegen die traditionellen Volksparteien ähnliche Vorwürfe erhoben: vor allem, dass sie sich mehr um die Geflüchteten als um die Belange der Deutschen kümmern.

Die Tatsache, dass der:die Durchschnittswähler:in in den vergangenen Jahrzehnten das Verständnis für die Mechanismen des Wandels verloren hat, war wesentlich für den Erfolg populistischer Bewegungen wie der Trumps in den USA, des Front National in Frankreich und der AfD in Deutschland. Es ist unerheblich, ob Parolen wie »Make America great again« (trotz der offenkundigen Unmöglichkeit, in die Vergangenheit zurückzukehren) deshalb Erfolg haben konnten, weil die Wähler:innen unfähig waren, derartige Versprechungen als allzu simpel zu durchschauen, oder weil sie zwar das Illusionäre solcher Heilsbotschaften erkannten, aber so frustriert waren, dass sie mit ihrem Protest die selbstgerechten Eliten schockieren wollten. Entscheidend ist, dass sich mit einer derart erbärmlichen Rhetorik nur jene Wähler:innen gewinnen lassen, die bereits den Glauben verloren haben, ihre Bedürfnisse und Interessen im Zuge der demokratischen Prozesse erfolgreich zur Geltung bringen zu können.

Die hier beschriebene Abkoppelung der demokratischen Prozesse von den Bürger:innen hat schwerwiegende Konsequenzen und muss rückgängig gemacht werden. Aber die Entwicklungen der letzten Jahre zeigen, dass ein erneutes »Ankoppeln« nicht automatisch im Rahmen der Routineabläufe unserer demokratischen Gesellschaften erfolgen wird. So notwendig es ist, wird es auch nicht genügen, den Mythos des »gefährlichen Fremden« zu zerstören, insbesondere die islamophobe Fantasie, alle Muslime seien potenzielle Terroristen. Wir werden den Kampf gegen den fremdenfeindlichen Populismus nicht gewinnen, wenn wir nicht etwas gegen das von vielen Angehörigen der Arbeiter- und Mittelschicht gehegte, durchaus berechtigte Gefühl der Vernachlässigung tun. Wir müssen entschlossen handeln, um im Rahmen unserer repräsentativen Institutionen den Bedürfnissen und Bestrebungen dieser Menschen wieder Rechnung zu tragen.

Der Wiederaufbau der Demokratie von unten ist dafür unabdingbar. Er ist nicht die einzige Maßnahme, die wir ergreifen müssen, aber sie kann ein wichtiger Teil der Lösung sein, wie wir in Kapitel 3 zeigen werden. Wenn es einer lokalen Öffentlichkeit gelingt, die zur Lösung ihrer Probleme notwendigen Programme klar zu definieren und gleichzeitig die zu deren Umsetzung nötige Solidarität zu schaffen, kann sie zu einer politischen Kraft werden, die von den gewählten Mandatsträgern (zumindest auf lokaler Ebene) nicht mehr zu ignorieren ist. Auf diese Weise wird zwischen lokalen Bedürfnissen und Bestrebungen und dem demokratischen System eine neue und starke Verbindung hergestellt.

Um es anders zu formulieren: Damit würde die politische Sphäre im Sinne Hannah Arendts, d. h. die offene Beratschlagung zwischen gleichen Bürger:innen über ihre gemeinsamen Ziele und ihr gemeinsames Handeln, schlagartig erweitert: Sie umfasst dann nicht mehr nur Parlamentsabgeordnete, sondern eine neue Gruppe informierter und engagierter Bürger:innen. In diesem Buch stellen wir deshalb Projekte vor, die eine solche Erweiterung des Politischen ermöglichen.

*

Bevor wir uns der Frage zuwenden, wie die Neugestaltung lokaler Gemeinschaften dem politischen System insgesamt förderlich sein kann, müssen wir den Ausgangspunkt genauer betrachten: Wie könnte ein Wiederaufbau der Demokratie von unten in Kommunen wie denen des Rust Belt, der Appalachen oder der Lausitz aussehen? Wie würde die Neugestaltung lokaler Gemeinschaften deren Fähigkeit stärken, mit den Widrigkeiten der Deindustrialisierung fertigzuwerden? Und wie könnte dies zu einer Erneuerung der Demokratie als politischem System insgesamt beitragen?

In etlichen lokalen Gemeinschaften vollzieht sich diese Form der Selbstorganisation bereits.[2] Aber wir brauchen sehr viel mehr solcher Gemeinschaften. Und wie unsere Schilderungen der Lausitz und des Rust Belt zeigen, geht es in der Regel zunächst darum, wie der Prozess von außen angestoßen und gefördert werden kann, wenn er dringend notwendig ist, aber trotzdem nicht in Gang kommt. Wenn etwa die Regierung die Stilllegung einer Kohleanlage beschließt und die lokale Gemeinschaft für diese Maßnahme, die im Kampf gegen die globale Erwärmung unabdingbar ist, gewonnen werden muss.

Das ist eine gewaltige Aufgabe. Zunächst muss der Kontakt zu lokalen Pionier:innen hergestellt werden, die bereits angefangen haben, die entscheidenden Fragen zu stellen. In unserem Beispiel geht es um die Menschen, die erkennen, dass die Kohle nicht ewig Garant für Beschäftigung sein wird und die Region daher einen alternativen Weg der wirtschaftlichen Entwicklung braucht, um Arbeitsplätze zu schaffen. Als Nächstes müssen diese Menschen zueinanderfinden oder miteinander in Kontakt gebracht werden.

Dann beginnt die schwierige Aufgabe, herauszufinden, wie ein solcher alternativer Weg aussehen könnte. Hier spielen der Beitrag und die Erkenntnisse der lokalen Gemeinschaft eine Schlüsselrolle. Außenstehende mögen gute Ideen für eine Neuausrichtung der Wirtschaft in der Region haben, aber diese Ideen können nur umgesetzt werden, wenn sie mit den Vorstellungen der lokalen Bevölkerung irgendwie in Einklang gebracht werden.

Es geht dabei nicht nur um die Frage, ob die Vorschläge wirtschaftlich vielversprechend sind. Die neuen Formen von Arbeit, Produktion und Dienstleistungen müssen zu den Qualifikationen und Fähigkeiten, aber auch zur Identität der Region passen.

Zum Beispiel ist ein Haupthindernis bei der Suche nach einer Alternative zur Kohleförderung in der Lausitz, dass im Identitätsbewusstsein der Region der Kohlebergbau als erfolgreicher, ja heroischer Kampf gegen alle Widrigkeiten und Hindernisse verstanden und damit den Kohlekumpeln eine machtvolle Aura verliehen wurde. (Dasselbe gilt für die Appalachen in West Virginia, was Trump in seinem Wahlkampf weidlich ausgeschlachtet hat.)

Einen Weg zu finden, der ökonomisch erfolgreich ist und zugleich mit der Gemeinschaft vor Ort in Einklang steht, ist eine Aufgabe, die weder die Betroffenen noch Außenstehende allein leisten können. Hier jemanden von außen zu haben, der über Erfahrung in einem solchen Prozess der Deliberation und Konsensbildung verfügt, kann sehr wertvoll sein. Solch eine Person sollte zwar auch eine Vorstellung von realistischen Optionen haben, aber ihre Aufgabe bestünde vordringlich darin, die Diskussionen bei der Suche nach sinnvollen Optionen und der Erkundung verschiedener Möglichkeiten zu unterstützen.

Diese Person wäre eine Art Animateur. Sie müsste

über spezielle Kompetenzen verfügen, die denen von Ethnograph:innen ähneln: die Fähigkeit, sehr genau zuzuhören, um das Besondere der Situation vor Ort, die Begriffe und Bezugspunkte der lokalen Identität zu verstehen. Um diese Besonderheiten zu artikulieren, könnte es notwendig sein, Begriffe zu prägen, die in den etablierten sozialwissenschaftlichen Disziplinen noch gar nicht zur Verfügung stehen. Es bedarf eines besonderen Gespürs, die entscheidenden Differenzierungen zu erkennen, aber auch einer besonderen Artikulationskraft, um die richtigen Worte, die Schlüsselbegriffe, zu finden.

In der typischen Situation, mit der eine Kommune konfrontiert ist, wenn ein wichtiger Arbeitgeber einen Standort aufgibt, leuchtet die Notwendigkeit jenes Bottom-up Community Organizing, für das sich die Incourage Community Foundation in den Vereinigten Staaten engagiert, sofort ein. Auf diese Bürgerstiftung kommen wir weiter unten zurück.

Was benötigt man für dieses Community Organizing von unten? Für diese von der Basis ausgehende Gemeinwesenarbeit braucht man erstens Faktenwissen über das externe und interne Umfeld, zum Beispiel über neue wirtschaftliche Möglichkeiten, die in der Region umsetzbar sein könnten, aber auch über die Qualifikationen und Kompetenzen der lokalen Bevölkerung: solche, die die Leute bereits besitzen, und solche, die sie sich leicht aneignen könnten.

Aber das ist noch nicht alles. Zweitens müssen die Betroffenen ihre Bedürfnisse artikulieren und sich über ihre Zielvorstellungen klar werden, zum Beispiel darüber, was sie idealerweise gern machen würden. Dies hat wichtige Auswirkungen auf den ersten genannten Punkt.

Es reicht jedoch nicht, all dies von außen an die Gemeinschaft heranzutragen. Diese Dinge müssen – und das ist der dritte Punkt – im Dialog mit den Betroffenen ermittelt werden. Einige ihrer Zielvorstellungen werden erst im Gespräch mit ihnen zum Vorschein kommen, und nur die Betroffenen selbst können im Verlauf eines solchen Dialogs gemeinsame Ziele benennen. Diese Art des Austauschs und der Diskussion hilft, die gemeinsame, übergreifende Sinnvorstellung (»purpose«) zu erarbeiten, die Grundvoraussetzung dafür ist, die Zukunft der Gemeinschaft zu planen und zugleich das Gefühl zu erzeugen, dass alle an einem Strang ziehen, Differenzen überwinden und vertrauensvoll zusammenarbeiten können. Jeder Einzelne muss nicht nur gehört werden, er muss sich auch gehört *fühlen*.

Die Details solcher Prozesse werden wir in Kürze in Kapitel 2 erörtern. Aber wir sehen schon jetzt, wie ein solcher deliberativer Prozess, hat er erst einmal begonnen, die Grundlage seiner eigenen Ausweitung und Konsolidierung schaffen und damit zum Motor eines Neuaufbaus der Demokratie von der Basis her werden kann. Wenn Menschen auf diese Weise zusammenkommen, kann ein bedeutsamer Wandel in Gang gesetzt werden.

Wir unterscheiden vier verschiedene Bausteine dieses Wandels:

1) Dazu gehört eine existenzielle Änderung der Grundeinstellung. Wir betrachten uns als Gemeinschaft nicht länger als Opfer mächtiger Kräfte, die wir nicht kontrollieren können (der »Eliten der Globalisierung«, »ferner Technokraten« oder des unlauteren Wettbewerbs ausländischer Konkurrenten), sondern als Personen, die imstande sind, die Initiative zu ergreifen und unser Schicksal in die eigene Hand zu nehmen. Die Entstehung einer deliberativen Gemeinschaft – das »Politische« im Sinne Hannah Arendts – bewirkt daher *ein emanzipatorisches Bewusstsein der kollektiven Handlungsfähigkeit.*

2) Dadurch, dass wir unsere Kräfte bündeln und mit Leuten aus unterschiedlichen Organisationen, mit unterschiedlichen Konfessionen, Einstellungen und sogar politischen Überzeugungen zusammenarbeiten müssen, fangen wir zugleich an, einander zuzuhören. Wir haben jetzt ein Interesse daran, gemeinsam mit anderen etwas zu erreichen. Wir können uns nicht mehr zurücklehnen und uns darauf beschränken, andere zu kritisieren oder zu dämonisieren. Persönliche Kontak-

te mildern oft die stereotypen Feindseligkeiten, die wir gegeneinander hegen. Deliberative Gemeinschaften erzeugen dadurch *neue inklusive Solidaritätsbeziehungen und Vertrauen* unter den Beteiligten.

3) Wenn wir zusammenkommen, *eröffnen wir zugleich neue Wege der Kreativität*. Vielleicht gelingt uns sogar eine Art von Durchbruch, den Cea und Rimington »Breakout Innovation« nennen. Ihnen zufolge findet man zu wirklich innovativen, mit alten Vorstellungen brechenden Lösungen oft nicht hinter geschlossenen Türen und in Top-down-Verfahren, sondern in inklusiven Prozessen, bei denen an der Planung und Entscheidungsfindung von Anfang an eine Vielzahl unterschiedlicher Akteure beteiligt sind, auch diejenigen, deren Leben durch diese Entscheidungen bestimmt oder beeinflusst wird.[3] Die Idee, durch breit angelegte ko-kreative Verfahren eine Breakout Innovation zu schaffen, spiegelt Elemente des oben unter Punkt 1 beschriebenen Versprechens auf das In-Einklang-Bringen von Wissen und Motivation sowie der Entstehung einer klareren Vision und einer gemeinsamen Gestaltungsmacht bei der Umsetzung dieser Vision. Auch technische Innovationen scheinen am ehesten in einem vertrauensvollen und ko-kreativen Austausch von Menschen mit unterschiedlichem Hintergrund leichter möglich zu werden.[4]

4) Sobald wir gemeinsam die Diskussion geführt und einen Plan erarbeitet haben – um beispielsweise neue Beschäftigungsverhältnisse, Umschulungsmaßnahmen oder neue Formen des Dienstes an der Gemeinschaft zu finden –, haben wir uns als Gruppe entscheidend verändert. Unsere Interpretation und unser Verständnis der Situation, unsere Interessen und Ziele, ja, sogar unsere Beweggründe, Werte und Visionen sind nun miteinander in Einklang. Jetzt wissen wir, was wir von den übergeordneten politischen Instanzen fordern müssen – von der Bundesregierung auf der einen und von der Landesregierung auf der anderen Seite. Und wir wissen jetzt nicht nur, was wir fordern wollen; weil unsere Agenda auf einem starken lokalen Konsens basiert, besitzen wir auch eine größere politische Schlagkraft. Damit haben unsere gewählten Vertreter:innen auf Bundes- und Landesebene einen starken Anreiz, uns zuzuhören und unserer Agenda in irgendeiner Weise Rechnung zu tragen. Sobald eine wirksame Verbindung zum politischen System hergestellt ist, fühlen wir uns ermächtigt, weil wir tatsächlich ermächtigt *sind*. Aufgrund seines Potenzials, *Ziele, Wissen und Motivation miteinander in Einklang zu bringen*, ist der Wiederaufbau lokaler deliberativer Gemeinschaften nicht nur eine Form der bürgerschaftlichen Organisation, sondern auch ein Instrument der politischen Mobilisierung.

Wirksame gemeinschaftliche Handlungsfähigkeit setzt einerseits diese vier Bausteine als unabdingbare Vorbedingungen des Wandels voraus. Damit Menschen zusammenkommen, Informationen austauschen, ein neues Bewusstsein entwickeln, gemeinsam neues Wissen generieren, gemeinsame Ziele formulieren können und so weiter, müssen diese vier Elemente wenigstens ansatzweise vorhanden sein. Sind diese Bausteine dann aber erst einmal etabliert, tragen sie sich selbst. Sie erzeugen sogar eine eigene Expansionsdynamik: Als Ressourcen erschöpfen sie sich nicht, wenn sie im effizienten gemeinsamen Handeln genutzt werden, sondern sie wachsen immer weiter an.

*

Im nächsten Kapitel betrachten wir einige Projekte, bei denen solche neuartigen Programme, die auf breite Zustimmung der Betroffenen zielen, erfolgreich umgesetzt wurden. Wir können nicht das ganze Spektrum möglicher Formate der partizipativen Demokratie und des Community Organizing betrachten; eine solche Untersuchung wäre interessant, würde jedoch unseren Rahmen sprengen. Wir können hier nur einen Überblick über dieses weite Feld geben. Unser Hauptinteresse gilt Projekten, die Pionierarbeit leisten, indem sie neuartige Programme erschaffen oder neue Formen der Solidarität etablieren. Wir berichten von erfolgreichen Experimenten zur Wiederbelebung der Demokratie von unten, die wir gut kennen.

Es geht uns also nicht um Beispiele der politischen Partizipation, bei denen ein bereits klar formuliertes Problem unter maßgeblicher Beteiligung der Bürger:innen an der Basis entschieden wird – wenn sie zum Beispiel bei der Entscheidung über die Verwendung des Gemeindebudgets (wie in Porto Alegre in Brasilien) oder bei der Frage des Standorts einer neuen Fabrik ein Mitspracherecht erhalten. Bei den Projekten, die wir hier vorstellen, sind die entscheidenden Fragen ergebnisoffen gestellt, etwa wenn es um die Suche nach einer praktikablen wirtschaftlichen Alternative in einer ehemals blühenden Industrieregion geht oder um eine Initiative, einen heruntergekommenen Stadtteil in einen Ort zu verwandeln, mit dem sich die Bewohner:innen identifizieren können und dem sie sich zugehörig fühlen. In vielen dieser Fälle war die letztlich gefundene erfolgreiche Lösung nicht etwas, das die Beteiligten schon von Anfang an im Kopf hatten – und konnte es manchmal auch gar nicht sein. Deshalb warnt Bruno Latour die französische Regierung angesichts der vielen Symptome der aktuellen Krise in Frankreich, die Themen und Fragen der mit den Bürger:innen 2019 begonnenen »großen Debatte« (grand débat) nicht von vornherein zu begrenzen.[5]

Auch im Bereich des Community Organizing betrachten wir nicht die vielen wichtigen Bemühungen, Bürger:innen zu mobilisieren, wie etwa die von Saul Alinsky begründeten und bis heute praktizierten Formen der Nachbarschaftsorganisation, die darauf ausgerichtet sind, Menschen zusammenzubringen, die ein klar definiertes Ziel erreichen wollen.[6] Die Aktivitäten, die wir hier vorstellen wollen, haben weiter gespannte und weniger fest umrissene Ziele. Bei ihnen geht es nicht nur darum, ein konkretes Ziel zu erreichen, sondern ebenso darum, die Fähigkeiten von Bürger:innen zu stärken, ein breiteres Spektrum zukunftsgerichteter Ziele in Angriff zu nehmen.

Die Zielsetzungen der hier vorrangig betrachteten Projekte sind also komplexer und daher zunächst weniger klar definiert. Wir hoffen dennoch, aus dieser eng geführten Perspektive wichtige Einsichten vermitteln zu können, denn die von uns erörterten Projekte erfüllen die für heutige Demokratien wichtige Aufgabe, das Spektrum tragfähiger Antworten auf die Herausforderungen und Dilemmata unserer globalen Gesellschaften zu erweitern.

Die Auswahl unserer Beispiele ist natürlich auch durch die Erfahrungen und die Expertise begrenzt, die wir drei Autor:innen besitzen. Andere könnten diese Liste und den Rahmen der Überlegungen beträchtlich erweitern. Der Fokus auf den amerikanischen und europäischen Kontext entspricht unserem Erfahrungshorizont.

Kapitel 2
Unterstützung für den Wiederaufbau politischer Gemeinschaften

Betrachten wir ein paar Beispiele jener ergebnisoffenen, innovativen Projekte, von denen in Kapitel 1 die Rede war. In Europa und in den Vereinigten Staaten gibt es mehrere, die es wert sind, hier näher untersucht zu werden.

*

Langenegg ist eine Gemeinde im österreichischen Bundesland Vorarlberg nahe der schweizerischen Grenze, ein Straßendorf mit 1100 Einwohnern. Es gab eine Zeit, da wanderten die jungen Leute ab, um anderswo Arbeit zu finden, und im Ortskern schloss ein Geschäft nach dem anderen, als das Leben zum Stillstand kam. Der Bürgermeister gab mehrere Studien in Auftrag, auf deren Grundlage Strategien entwickelt wurden, wie die Landflucht gestoppt und der demographische Wandel gesteuert werden könnte. Aber nichts schien zu funktionieren.

Schließlich begann man ein Experiment: ein einfaches Verfahren, das die Bürger:innen in die Lage versetzte, die Umgestaltung ihres Dorfes selbst in die Hand zu nehmen. Fünfzehn zufällig ausgewählte Bewohner:innen wurden eingeladen, an dem Verfahren in seiner Anfangsphase mitzuwirken. Statt aufzulisten, was sich ihrer Ansicht nach verändern sollte, sprachen sie bei ihrem ersten Treffen über die positiven Aspekte des Lebens in Langenegg. So wurde hervorgehoben, dass in der Dorfbäckerei die Kund:innen noch mit ihrem Namen angesprochen wurden und dass diejenigen, die in der Nähe arbeiteten, mehr Zeit für ihre Familie hatten, weil sie nicht pendeln mussten. Die Gruppe erstellte eine Liste von Personen, die zum Erhalt der Lebensqualität im Dorf beitrugen. Es kamen die Namen von zweihundert Langeneggern zusammen, die anschließend bei einem Dorffest gefeiert wurden. In den folgenden Monaten wuchs die Gruppe immer weiter, und immer mehr Leute nahmen an diesem Transformationsprozess teil. Es wurde ein kleines, bunt gemischtes Koordinationsteam gegründet. Der Bürgermeister verzichtete auf die Teilnahme in diesem Gremium und überließ engagierten Bewohner:innen die Steuerung des Prozesses.

Seither sind zwanzig Jahre vergangen, und in Langenegg ist viel passiert. Die Selbstorganisation wurde systematisch in die lokale Planung eingebunden, was einen erfolgreichen Strukturwandel bewirkte. Lokale Gewerbebetriebe blieben erhalten und sind wirtschaftlich erfolgreich. Es wurde ein Dorfladen eröffnet, ein Hotel und neben dem Kindergarten auch ein Café. Mit der Gründung einer Lebenshilfe-Werkstätte und eines Pflegeheims entstanden neue Arbeitsplätze. Die Bevölkerung Langeneggs wächst stetig. Die Bewohner:innen haben die gemeinsame Nutzung von gemeindeeigenen Ressourcen zum Bestandteil ihrer Gemeindekultur gemacht, z. B. Carsharing, den Verleih von Elektrofahrrädern und den öffentlichen Nahverkehr. Photovoltaik- und Solaranlagen sowie Biogasanlagen haben Langenegg zu einem Vorreiter in Sachen Energieselbstversorgung gemacht. 2010 wurde die Gemeinde mit dem Europäischen Dorferneuerungspreis ausgezeichnet. Langenegg ist kein Einzelfall. Es gibt viele ähnliche Beispiele auf lokaler und regionaler Ebene.

*

Wenden wir uns nun einer lokalen Gemeinschaft aus den Vereinigten Staaten zu, einem Prozess, der noch nicht abgeschlossen, aber schon weit vorangekommen ist. Es handelt sich um South Wood County, Wisconsin, wo große Papierfabriken mehr als hundert Jahre lang das Rückgrat der heimischen Industrie bildeten, nach der Jahrtausendwende jedoch massiv Personal abbauten. Bis 2005 ging die lokale Beschäftigung um fast 40 Prozent zurück. Zwischen 2000 und 2010 sank die Zahl der Arbeitsplätze in der Papierindustrie um 35 Prozent. Dann wurde die größte Fabrik in lokalem Besitz an einen multinationalen Konzern verkauft und die Produktion weiter heruntergefahren.

Die Menschen suchten nach neuen Jobs in der verarbeitenden Industrie, aber es gab kaum welche, und für die verfügbaren Arbeitsplätze wurden in der Regel andere Qualifikationen verlangt, als die meisten Einheimischen vorweisen konnten. Der Mangel an Jobs war schlimm genug, doch mit dem Wegfall der wichtigsten Beschäftigungsquelle verlor die Region auch einige ihrer traditionellen Führungsfiguren, denn Angehörige der Firmenleitung hatten öffentliche Ämter innegehabt und wohltätig gewirkt. Hier kam Incourage ins Spiel, eine gemeinnützige Bürgerstiftung mit der Mission, zur Verbesserung der Lebenswirklichkeit lokale Antworten durch partizipative Ansätze zu entwickeln. Nach Ansicht der Stiftung bestand die beste und nachhaltigste Lösung darin, die Bewohner:innen zusammenzubringen, um gemeinsam nach einem Ausweg zu suchen. Aber dafür mussten zuerst neue Kommunikationskanäle geschaffen werden.

Jahrzehntelang waren die Tageszeitung *Daily Tribune* und ein lokaler Radiosender die wichtigsten Quellen für Nachrichten aus der Region gewesen. Die *Tribune* mit einer ursprünglichen verkauften Auflage von 14 000 Exemplaren ging nach dem Jahr 2000 an einen neuen Besitzer über, der die Lokalnachrichten nach und nach auf eine einzige Seite beschränkte. Bald sank die Auflage um 63 Prozent. Um dieselbe Zeit wurde im Zuge von Stellenstreichungen auch eine viel gelesene Firmenzeitung eingestellt. Der nächstgelegene Fernsehsender berichtete nur selten über Ereignisse aus Wood County. Wie konnten den Bewohner:innen wieder Informationen über lokale Ereignisse zugänglich gemacht werden? Und wie konnte die Kommunikation zwischen ihnen verbessert werden?

Incourage hatte anfangs nicht bedacht, dass hierin ein Hindernis bei der Konsensfindung der lokalen Gemeinschaft bestand. Doch die Schwierigkeit, Nachrichten und Ideen in Umlauf zu bringen, war, wie sich herausstellte, eine entscheidende Hürde. Die naheliegende Lösung schienen Online-Kommunikationskanäle zu sein, aber ein Drittel der einkommensschwachen Familien nutzte kein Internet. Incourage musste näher an der Basis ansetzen, um die Bürgerbeteiligung in Gang zu bringen. Die Stiftung organisierte Fokusgruppen mit insgesamt mehr als achtzig Teilnehmenden, die mithalfen, Lösungen für das Problem des Informationsflusses zu entwickeln. Eine ehrenamtlich engagierte Bewohnerin veranstaltete zum Beispiel »Tech Days«. Später machte sie sich über den Bedarf an Computerkursen in ihrer Gegend kundig und arbeitete mit der örtlichen Bibliotheksleitung und mit der Stiftung zusammen, um solche Kurse zu organisieren.

In einer Fallstudie zur Tätigkeit von Incourage in South Wood County aus dem Jahr 2013 erinnerte sich eine Mitarbeiterin, dass »die Leute klein anfingen (und nicht glaubten, dass es auf ihre Ideen ankäme) und dann über sich hinauswuchsen (in der Überzeugung, dass ihre Ideen etwas bewirken konnten, und mit dem Wunsch, mehr zu erfahren)«. Diesen sich selbst verstärkenden positiven Kreislauf (»Circulus virtuosus«) anzustoßen, sei ein entscheidender Aspekt der Arbeit von Incourage, weil dadurch eingeschliffene Muster der Nichtbeteiligung überwunden würden. Kelly Ryan, Geschäftsführerin von Incourage, erklärte, es gehe darum, »einen Kulturwandel zu fördern – die Leute beginnen zu verstehen, dass sie Macht besitzen und etwas bewirken können«.[7]

Auf diese Weise kann von der Basis her eine kommunikativ gut vernetzte Gesellschaft aufgebaut werden. Ausgehend von einzelnen Kapillaren, aber gestützt auf das wachsende Selbstvertrauen, wird sich dieses kommunikative Netzwerk immer schneller ausbreiten. Die Förderung von Kommunikation, und sei es im kleinen Maßstab einer Fokusgruppe, kann für die Gemeinschaft als Ganzes von großer Bedeutung sein. Ein solcher »Schwungradeffekt« tritt ein, wenn eine geringe, aber gezielte Zufuhr von Energie die Dynamik für einen größeren Wandel schafft.

Um das drängende Problem der Arbeitslosigkeit anzugehen, investierte Incourage massiv in die Gründung von

Workforce Central, einer Website des National Fund for Workforce Solutions, und in eine sektorübergreifende Initiative zur beruflichen Qualifikation, die Unternehmen und Arbeitssuchenden von South Wood County zugutekommen sollte. Die ersten Fokusgruppen halfen der Stiftung, Defizite im Informationsaustausch zwischen den Jobcentern und zwischen Jobcentern und Arbeitssuchenden aufzuspüren. Um solche Defizite zu beheben, brachte Incourage lokale Agenturen, Organisationen und Unternehmen miteinander in Kontakt. Sie sollten sich darüber austauschen, wie Bildungs- und Jobangebote für Arbeitssuchende besser auf den Bedarf der Unternehmen abgestimmt werden konnten. Auf diese Weise begann die Stiftung, gezielt Informationen zusammenzutragen und zu nutzen, um den lokalen Wandel zu befördern.

Zu den Ergebnissen zählten so einfache Lösungen wie eine Vereinbarung mit der Stadt Wisconsin Rapids, dem Verwaltungssitz von South Wood County, die Fahrtkosten für Auszubildende zu senken, die eine örtliche Fachschule besuchen. Es wurden aber auch umfangreichere Kooperationen initiiert, wie etwa ein neuer gemeinsamer Lehrplan zur gezielten Qualifikation für lokal verfügbare Jobs. Ein besseres Verständnis für den Zusammenhang zwischen dem Zugang zu Informationen und Jobwachstum bewog die Partner von Workforce Central zudem, das Fach »digitale Kompetenz« in die Fortbildung unter- oder nicht beschäftigter Arbeitnehmer:innen aufzunehmen und in die Umschulung ehemaliger Fabrikarbeiter mit geringen EDV-Kenntnissen zu investieren.

Darüber hinaus veranstaltete Incourage mehr als fünfundsiebzig Bürgergespräche mit mehr als fünfhundert Teilnehmenden. »Einige kamen aus Organisationen, die sich bisher noch nie beteiligt hatten«, berichtete eine Bewohnerin, die, wie andere, überrascht war, dass ihre bisher wenig engagierten Nachbarn und Freunde zu diesen öffentlichen Versammlungen kamen.[8]

Besonders wichtig ist, dass das Sammeln und Teilen von Informationen die bis dahin geltenden Normen des zivilgesellschaftlichen Engagements positiv beeinflusst zu haben scheint. Im Jahr 2012 beteiligten sich mehr als 4100 Bewohner:innen an einer Bürgerbefragung, und 59 Prozent von ihnen gaben an, sich in Zukunft an Diskussionen zur Erarbeitung eines Entwicklungsplans für die lokale Gemeinschaft (community plan) beteiligen zu wollen. Die überwältigende Resonanz der Befragung zeigte, dass zahlreiche Bewohner:innen von South Wood County bereit waren, an einem breit angelegten gemeinsamen Prozess mitzuwirken. Ein Bewohner meinte, fünf Jahre zuvor sei »so etwas undenkbar gewesen«, während ein anderer, als er hörte, dass mehr als viertausend Personen an der Umfrage teilnahmen, bemerkte: »Wir haben jetzt das Gefühl, dass wir selbst etwas bewegen müssen. Vorher dachten wir, irgendjemand werde sich schon darum kümmern.«

»Was wir bei all dem gelernt haben«, sagte Kelly Ryan, »ist, dass der Austausch von Informationen sein eigenes Ökosystem erfordert und die Kultur einer Gemeinschaft widerspiegelt … Um eine paternalistische Kultur der Abhängigkeit und eines starken Anspruchsdenkens umzukrempeln, muss man in seine Strategie des Wandels den Informationsaustausch integrieren.«[9]

Incourage erkannte das Potenzial von Bürgergesprächen und ging dazu über, das Engagement der Bewohner:innen in einen neuen partizipativen Planungsprozess einfließen zu lassen. Die Stiftung hatte das Gebäude der *Daily Tribune* erworben, ein großes Gelände in der Innenstadt von Wisconsin Rapids, das die Zeitung nach ihrem Personalabbau geräumt hatte. Über die Nutzung des Gebäudes, direkt am Fluss gelegen, wo einst die Papierfabriken gewesen waren, sollten die Bewohner:innen selbst entscheiden.

Am »*Tribune*-Prozess«, wie er heute genannt wird, beteiligten sich im Verlauf von drei Jahren mehr als zweitausend Personen, die in South Wood County wohnten. Incourage schulte einige von ihnen als Community Organizer, um den Bürgerdialog zu unterstützen, und engagierte die Firma Concordia, um die Entscheidungsfindung und den Planungsprozess zu moderieren.

Concordia war bereits in Louisiana und anderen Regionen der Vereinigten Staaten erfolgreich tätig gewesen, wo lokales Wissen und lokale Erfahrungen für gemeinschaftliche Planungsprozesse nutzbar gemacht werden konnten.

Der Planungsprozess selbst, der für alle offen war, fand in einem Seniorenzentrum unweit des *Tribune*-Geländes statt. Damit sich möglichst viele beteiligen konnten, war für Kinderbetreuung und Verpflegung gesorgt, und die Versammlungen fanden abends oder zu anderen für die Bevölkerung günstigen Tageszeiten statt. Diese Rücksichtnahme auf die Bedürfnisse und Wünsche der Menschen trug entscheidend zur Kontinuität und zum Erfolg des Prozesses bei.

Bei den ersten Diskussionen wurde eine Reihe von Kernelementen festgelegt, die im Planungsprozess zu berücksichtigen waren. Die Teilnehmenden einigten sich auf bestimmte Faktoren, die neben der Förderung des lokalen Wirtschaftswachstums Relevanz besitzen sollten. Hierzu zählten der Wert und die Bedeutung von Beziehungen und menschlichen Entwicklungspotenzialen, Kreativität, Wissen und Innovation. Diese Erwägungen wurden zu Hauptkriterien bei der Festlegung von Prioritäten und bei der Kompromissfindung.

In der ersten Planungsphase wurde entschieden, wie das Gebäude genutzt werden sollte. Der endgültige Plan sah eine Gastronomie vor, ein Studio für Kunst, eine Kreativwerkstatt, Säle für Bürgerversammlungen sowie flexibel nutzbare Räume. Teil des Konzepts waren zudem eine Mikrobrauerei, angeregt nicht zuletzt durch regionale Wirtschaftsdaten, denen zufolge die Produktion von Bierspezialitäten im mittleren Wisconsin ein großes Wachstumspotenzial besaß, sowie eine Freizeiteinrichtung am Wisconsin River. Der Fluss, einst fast nur von den Papierfabriken genutzt, wurde jetzt als wertvolle natürliche Ressource in die Planung einbezogen.

Concordia hatte in dem gesamten Prozess eine Schlüsselrolle inne. Zum einen gab es vor Ort keine Kapazitäten, um einen so lang andauernden und mehrgleisigen bürgerbasierten Prozess zu moderieren. Zum anderen wurden die Mitarbeiter:innen der Firma von der Bevölkerung als neutrale Akteure akzeptiert, die keine eigene Agenda verfolgten. Auch Community Organizer, die aus der Gegend stammten und die Diskussionen in kleinen Gesprächsrunden moderierten, leisteten einen wichtigen Beitrag. Expert:innen von außerhalb, die den Prozess mit ihren Ratschlägen begleiteten, konnten leicht als Vertreter:innen befremdlicher, weit hergeholter Ideen empfunden werden. Ortsansässige Moderator:innen gewährleisteten, dass in den Kleingruppendiskussionen auch kleinste Nuancen in einer Sprache erörtert wurden, die die Leute verstanden. Dadurch konnten die endgültigen Entscheidungen zu den Bedingungen der Bewohner:innen getroffen werden.

Incourage und Concordia bezogen auch Expert:innen von außen in den Prozess ein. Diese verfügten über den technischen Sachverstand, der den Teilnehmenden vor

Ort fehlte, und lieferten verlässliche Informationen, auf deren Grundlage Entscheidungen getroffen werden konnten, zum Beispiel bei der Frage der Energieeffizienz des Gebäudes. Die rege Teilnahme, wenn ein geladener Redner über ökologische Nachhaltigkeit und deren Bedeutung für die Kommunen sprach, schuf eine kritische Masse an Unterstützung aus der Bewohnerschaft. Trotz der höheren Baukosten sprachen sich die Beteiligten für Maßnahmen aus, die den höchsten Energie- und Umweltstandards der LEED-Zertifizierung für ökologisches Bauen entsprachen, darunter Gebäudebegrünung, energieeffiziente Technik, Elemente der Passivbauweise und Sonnenkollektoren. Unter den bürgerschaftlichen Planer:innen war Konsens, dass das Gebäude ein Modell für Nachhaltigkeit sein sollte, das erste seiner Art in der Gegend.

Finanzielle Mittel für das *Tribune*-Gebäude werden immer noch eingeworben, bald werden die Bauarbeiten beginnen. Doch wie es auf einem Transparent über der Baustelle heißt: »Das *Tribune*-Gebäude ist nicht nur ein Gebäude.« Incourage ging es von Anfang an darum, die Dynamik für eine besser informierte und engagierte Gemeinschaft zu verstetigen. Es gibt erste Anzeichen dafür, dass der Prozess den erhofften Schwungradeffekt auslöst. Ausgehend von einem traumatisch hohen Rückgang an traditionellen Jobs, unternahm die Bürgerschaft von South Wood County Schritte, um selbst über ihre

Zukunft zu bestimmen, indem sie früh Informationskanäle schuf und Workforce Central und das Projekt des *Tribune*-Gebäudes unterstützte. Einiges davon schlägt sich in den Ergebnissen einer Befragung nieder, die ein Jahr nach Abschluss der Planungsphase durchgeführt wurde. Die Bewohner:innen wurden gefragt, in welcher Weise das *Tribune*-Projekt sie beeinflusst habe.

Viele der Befragten erzählten, durch ihre Teilnahme hätten sie jemanden aus ihrer Nachbarschaft neu kennengelernt und Neuigkeiten und Informationen ausgetauscht. Mehr als die Hälfte berichteten, sie hätten mehr lokale Informationen oder Zugang zu diesen erhalten und neue Bekannte oder Freunde gefunden. Ihre Teilnahme an dem Projekt habe ihr Verantwortungsgefühl gestärkt und sie ermuntert, ihren Teil dazu beizutragen, dass ihre Stadt ein besserer Ort zum Leben wird. Einer von fünf Befragten sagte, er habe einen gewählten Amtsträger kontaktiert, und einer von sechs erklärte, er habe infolge dieses Prozesses eine neue zivilgesellschaftliche Initiative gegründet oder sich einem bereits existierenden Projekt angeschlossen. Eine befragte Person meinte: »Die Leute stellen jetzt zielführendere Fragen, warum bestimmte Dinge passieren oder nicht passieren. Mir fällt auf, dass mehr von uns das Gefühl haben, dass ihre Teilnahme und ihr Beitrag wirklich zählen.«

Die Bewohner:innen äußerten sich auch optimistischer über die Zukunft ihrer Stadt und sagten, durch ihre Beteiligung sei ihr Stolz auf ihre Stadt gewachsen. Dies macht Hoffnung, dass der *Tribune*-Prozess und andere, ähnliche Initiativen die Zukunft von South Wood County langfristig positiv beeinflussen werden. Eine vom Markt- und Meinungsforschungsinstitut Gallup durchgeführte dreijährige Studie in sechsundzwanzig Kommunen quer durch die Vereinigten Staaten hat gezeigt, dass Stolz und Optimismus der Bürger:innen bezüglich ihrer Gemeinschaft mit dem Gefühl der Zugehörigkeit zu dieser Gemeinschaft korrelieren und dass dieses Zugehörigkeitsgefühl eng mit dem Wachstum des lokalen Bruttosozialprodukts zusammenhängt.[10]

*

Bei dem *Tribune*-Prozess handelt es sich um eine sorgfältig vorbereitete Initiative, um die Bürgerschaft an der Basis zu aktivieren und aus einem sichtbaren Zeichen für den Niedergang einer Region ein bleibendes Symbol des Aufbruchs zu machen. Die Initiative ist auch ein gutes Beispiel für eine Strategie der Gestaltung des öffentlichen Raums (place-making strategy), die an den Wunsch der Bevölkerung anknüpft, als Gemeinschaft an kulturell bedeutungsvollen Orten zusammenzukommen. Es ist kein Zufall, dass viele erfolgreiche Bemühungen des Community Organizing an und mit einem physischen Ort beginnen.

In dem Market Creek Plaza genannten innerstädtischen Areal von San Diego schlossen sich einkommensschwache, ethnisch unterschiedliche Bewohner:innen mit einer örtlichen gemeinnützigen Organisation zusammen, um in ihrem Viertel ein Kultur- und Einkaufszentrum zu entwickeln. Auslöser war in diesem Fall nicht der Verlust von Arbeitsplätzen, sondern dass in dieses Viertel jahrzehntelang viel zu wenig investiert worden war. Dennoch gibt es Gemeinsamkeiten zwischen South Wood County und San Diego. Hier wie dort war es das Ziel, vernachlässigten Raum für die Gemeinschaft zurückzuerobern und gleichzeitig ein breites bürgerschaftliches Engagement für den städtischen Wandel zu fördern.

In San Diego begann alles mit der Jacobs Family Foundation (JFF) in Zusammenarbeit mit dem Jacobs Center for Neighborhood Innovation (JCNI) – Organisationen, die bereit waren, eine auf die Bewohner ausgerichtete Entwicklung der Diamond Neighborhoods von San Diego zu unterstützen. Zu der Zeit lebten dort etwa 88 000 Menschen mit mehr als fünfzehn verschiedenen Sprachen. Das durchschnittliche Haushaltseinkommen betrug 32 000 Dollar, verglichen mit 46 000 Dollar in San Diego insgesamt. Fast ein Drittel der Haushalte musste mit weniger als 20 000 Dollar jährlich auskommen. Das JCNI war überzeugt, dass für eine erfolgreiche Wiederbelebung des Viertels die Bewohner:innen den Prozess selbst in die Hand nehmen und das volle Verfügungsrecht über die neu entstehenden Ressourcen erhalten müssten. Im Fall von Market Creek Plaza bedeutete dies, dass eine Anschubfinanzierung für das Projekt organisiert, aber auch die bürgerschaftliche Beteiligung an der Planung, Entscheidungsfindung, Umsetzung und schließlich am wirtschaftlichen Eigentum des Projekts gefördert werden musste. Um das Vorhaben zu realisieren, war über einen Zeitraum von sechs Jahren hinweg eine Vielzahl von Schritten nötig.[11]

Als Erstes ging ein Team des JCNI auf die Bewohner:innen zu und begann, eine Beziehung zu ihnen aufzubauen. Sie verschickten Fragebögen und luden die Geschäftsleute vor Ort zu Versammlungen ein, um zu erfahren, wie sie sich die Nutzung des Areals vorstellten. Bei Treffen, in denen es um die Entwicklung von Visionen und Strategien ging, beteiligten sich Bewohner:innen an der Ausgestaltung des Projekts. Die Ergebnisse dieser Beteiligung bestimmten die Leitvision für die Entwicklung von Market Creek Plaza.

Durch den Aufbau und die Unterstützung fester Teams gewährleistete das JCNI auch die kontinuierliche Teilnahme von Bewohner:innen an der konkreten Projektarbeit. Die Teams waren interkulturell besetzt und arbeiteten an der Strategie, am Konzept und an der Umsetzung verschiedener Teilbereiche des Projekts mit. Sie bildeten zudem das Bindeglied zwischen Market Creek Plaza und weiter gespannten Netzwerken der lokalen Gemeinschaft. Um die investierte Zeit und das Wissen der Teammitglieder anzuerkennen, die in die konkrete Umsetzung direkt involviert waren, bezahlte das JCNI ihnen ein Honorar. Die Teams trafen sich zunächst im größeren Kreis, um das Projekt in seinen Grundzügen zu entwickeln, und teilten sich dann in kleinere Gruppen auf, die die Umsetzung beaufsichtigten. Solche Teams aus der lokalen Gemeinschaft überwachten alle Aspekte des Projekts, von Kunst und Design bis zu Geschäftsentwicklung und Leasing.

Um in der Community Kompetenzen aufzubauen, unterstützte das JCNI Schulungen und Qualifizierungskurse, auch unter Einbeziehung von Bauträgern und angehenden Unternehmern aus Minderheitsgruppen. Um Unternehmern zu helfen, ihr bereits existierendes Geschäft zu stärken oder ihr Existenzgründungsmodell tragfähig umzusetzen, stellte JCNI ihnen praktische Hilfe zur Verfügung und verschaffte ihnen über eine örtliche Unternehmensberatung für Kleinunternehmer Zugang zu kostengünstigem Kapital.

Wie im Fall des *Tribune*-Projekts in South Wood County waren auch in den Diamond Neighborhoods die Bewohner:innen an der Ausarbeitung und Umsetzung des Projekts unmittelbar beteiligt. Market Creek Plaza ging bei diesem Selbstbestimmungskonzept noch einen Schritt weiter und unterstützte den Erwerb des direkten wirtschaftlichen Eigentums der Anlage. Um sich ein individuelles Eigentumsrecht zu sichern, konnten Bewohner:innen in einem öffentlichen Bieterverfahren »Einheiten« kaufen.

Heute erstreckt sich Market Creek Plaza über eine Fläche von 40 000 Quadratmetern mit mehreren Restaurants in lokalem Besitz, einem Lebensmittelmarkt, einem Fitnesscenter und einer Freilichtbühne. Eine Sammlung von Kunst im öffentlichen Raum – Mosaiken, Totems und Wandgemälde – und die Architektur des Market-Creek-Plaza-Komplexes reflektieren die künstlerischen Traditionen der verschiedenen ethnischen und kulturellen Gruppen des Viertels.

Die Erschaffung solcher Orte ist von elementarer Bedeutung für den Menschen. Orte *(topoi, loci)* sind durch das definiert, was es dort gibt. Der eine Ort liegt »auf dem Berg«, ein anderer »am Fluss«, wieder ein anderer »auf der Wiese«. Wir Menschen leben zuerst und vor allem an Orten, und diese Orte haben eine Bedeutung für uns. »Im Wald« zu sein ist anders, als »in der Stadt« zu sein. Auch innerhalb von Städten gibt es unterschiedliche Orte. Eine Schlafstadt und das Stadtzentrum sind gegensätzliche Orte.

In modernen Städten kann das Gefühl für einen Ort allerdings verloren gehen. Es gibt urbane »Townscapes«, Stadtlandschaften mit verödeten Hintergassen, Brachen, Bahnschienen und anderen »Zwischenorten«, die ihre Bedeutung als Ort verlieren. Sie verfallen und werden zu dem, was der französische Ethnologe Marc Augé »Nicht-

Orte« *(non-lieux)* genannt hat. Wenn solche Nicht-Orte groß und ausgedehnt werden, rauben sie der Stadt ihre Eigenheit als Ort, in den andere Orte eingebettet sind. Aber Menschen brauchen Orte: um an ihnen zu leben, sich mit ihnen in Beziehung zu setzen und mit ihnen zu identifizieren, sich in ihnen zu Hause zu fühlen und zu ihnen zurückkehren zu können. Eines der wichtigsten und kreativsten Stadtentwicklungsprojekte besteht darin, aus einer Ansammlung von Nicht-Orten wieder lebendige Zentren des städtischen Lebens zu machen.

Dies ist eine Facette dessen, was die Macher von Market Creek Plaza geschaffen haben. Und es ist eine Leistung, die nicht nur menschlich, sondern auch politisch bedeutungsvoll ist. Ihrem Wesen nach ist sie mit einer künstlerischen Schöpfung vergleichbar, und künstlerische Schöpfungen geben einem Ort selbst wiederum eine spezifische Bedeutung. Sie verleihen ihm Sichtbarkeit und Glanz und bringen seinen Bezug zu denjenigen zum Ausdruck, die ihn bewohnen. Der künstlerische und kulturelle Ausdruck von Gemeinschaften mit Menschen unterschiedlicher Herkunft trägt darüber hinaus zur Integration multikultureller Städte bei.[12]

Den Organisator:innen von Market Creek Plaza zufolge ist eine der wichtigsten Lektionen des Projekts die Erkenntnis, dass man eher die Fragen als die Antworten kennen muss, um das Engagement der lokalen Bevölkerung für den Wandel zu wecken und zu erhalten und diesen Wandel zu deren ureigenem Anliegen zu machen. Die Präsidentin und Geschäftsführerin von JFF und JCNI, Jennifer Vanica, drückt es so aus:

> Wir haben unsere festen Vorstellungen davon, was die Leute brauchen – und was Stiftungen tun –, aufgegeben und die Leute gefragt, welche Veränderungen sie gerne hätten und wie sie umgesetzt werden sollten ... Wir haben gelernt, dass für eine nachhaltige Wiederbelebung der Gemeinschaft die Bewohner:innen ihren Wandel in die eigenen Hände nehmen müssen – bei der Planung und Umsetzung und schließlich beim Verfügungsrecht über die neu geschaffenen Ressourcen. Wir müssen Seite an Seite mit ihnen arbeiten, wir müssen Kreativität ermutigen, die aus ihrem Wissen und ihren Kenntnissen und aus der Liebe zu ihrem Viertel erwächst. So entsteht eine Vision, es werden Qualifikationen aufgebaut und Werte geschaffen, die ihnen zugutekommen.[13]

Erklärtes Ziel von Investor:innen und Moderator:innen der Initiativen in Wisconsin und San Diego war es, ein konkretes, für die Bewohner:innen vorstellbares und zugleich praktisch umsetzbares Projekt zu erarbeiten, das die Demokratie vor Ort ankurbeln konnte. Entscheidend dabei war, dass dank einer breit angelegten Teilhabe an der Entscheidungsfindung die Menschen im Austausch miteinander und mit externen Akteuren Klarheit darüber gewannen, was sie wirklich wollten. Daraus entwickelten sich dann fester geknüpfte Beziehungen und Allianzen. Im Verlauf des Projekts wurden Beziehungen aktiviert, die als gemeinschaftliche Ressource erhalten blieben und bei künftigen deliberativen Prozessen der Stadtentwicklung genutzt werden können. Darüber hinaus wurden die Gespräche durch umfassendere und fundiertere Informationen verbessert, die Fähigkeit der Beteiligten zu zivilgesellschaftlichem Engagement erhöht und ihr Wunsch gestärkt, sich einzubringen.

*

Das Lawrence-CommunityWorks-Netzwerk in Lawrence, Massachusetts, ist ein etwas anderer Fall. Hier wird die Fähigkeit zu zivilgesellschaftlichem Handeln dadurch gestärkt, dass eine große Zahl von Bewohner:innen in ein offizielles Netzwerk eingebunden ist. Bei dem Netzwerk handelt es sich um einen offenen Interaktionsraum, der es den Nutzern erlaubt, in vielfältiger Weise und mit unterschiedlichen Zielsetzungen miteinander in Kontakt zu treten. Dahinter steht die Idee, dass ein starkes Sozialkapital bzw. eine starke gesellschaftliche Vernetzung als Plattform für die Entwicklung neuer Führungsrollen, für bürgerschaftliches Engagement und für den Wandel in einer Stadt dienen kann.[14]

Der Anstoß zum Aufbau des Netzwerks kam von Lawrence CommunityWorks (LCW), einer lokalen Stadtentwicklungsorganisation, die Dienste und Ressourcen insbesondere für einkommensschwache Bewohner:innen bereitstellt. Lawrence, ehemals ein Zentrum der Textilindustrie, ist eine der ärmsten Städte der Vereinigten Staaten. In den 1970er- und 1980er-Jahren verlor die Stadt fast die Hälfte ihrer Arbeitsplätze in der Fertigungsindustrie, weitere 20 Prozent verschwanden im Zuge der Rezession Anfang der 1990er-Jahre. Lawrence, Heimat einer wachsenden Zahl von Einwanderern, hat derzeit 75 000 Einwohner:innen, die meisten von ihnen Latinx. Die Führung von LCW, zu der erfahrene Community Organizer und Stadtplaner:innen gehören, die Absolvent:innen des Massachusetts Institute of Technology (MIT) sind, erkannten, dass die enormen Herausforderungen, vor denen Lawrence stand, nicht ohne die Einbeziehung einer möglichst großen Zahl von Einwohner:innen zu bewältigen waren. Es fehlten nicht nur kommunale Ressourcen wie eine öffentliche Infrastruktur und gute Schulen, sondern auch zivilgesellschaftliche Führungspersonen. Ein Grund dafür war, dass die Fabrikbesitzer und andere Angehörige der ehemaligen städtischen Elite nicht in Lawrence selbst wohnten und keine Tradition eines zivilgesellschaftlichen Engagements aufgebaut hatten. Die Führung von LCW kam zu dem Schluss, dass die Umgestaltung der Stadt langfristig nur dann erfolgreich und nachhaltig sein würde, wenn sie an der Basis begann. Ihr Vorschlag war ein für eine Stadtentwicklungsorganisation ungewöhnlicher Ansatz: einen Prozess zu organisieren, bei dem Tausende Bewohner:innen über die Probleme vor Ort diskutierten und nach Lösungen suchten, Führungskompetenzen aufbauten und sich miteinander vernetzten, um ihre Stadt zu verändern.

LCW begann damit, lose Zusammenschlüsse von Bewohner:innen zu unterstützen, die sich auf Einzelprojekte wie den Bau und die Instandhaltung eines Kinderspielplatzes in ihrer Nachbarschaft oder die Wiederaneignung verödeter Straßen konzentrierten. Die dabei erzielten Erfolge animierten weitere Bewohner:innen, an Bürgerversammlungen und anderen Organisationsformen teilzunehmen. Einige, die bereit waren, an mehreren Projekten mitzuarbeiten, übernahmen Führungsaufgaben, was in mehreren Nachbarschaften umfassendere Revitalisierungsbemühungen nach sich zog. Gleichzeitig bekundeten Bewohner:innen ihr Interesse an Nachbarschaftsprojekten für die Jugend, für den Erwerb von Finanzkompetenz oder für Englischunterricht, was LCW veranlasste, familienbezogene Dienstleistungen auszubauen und anzubieten.

Ein paar Jahre später, als man bei LCW Bilanz zog, erkannte man, dass alle diese von der Organisation unterstützten Aktivitäten den Menschen unmittelbar zugutekamen. Zugleich entstanden auf diese Weise vielfältige

Verbindungen untereinander. Damit wurde der Aufbau eines Netzwerks, um die Leute über Netzwerkcluster, Gruppen, Ausschüsse und kommunale Institutionen miteinander in Kontakt zu bringen, zu einem wichtigen Ziel der Arbeit von LCW.

»Der Aufbau von Netzwerken im Zuge der (Stadt-)Entwicklung bedeutet den Aufbau einer Infrastruktur zwischenmenschlicher Beziehungen innerhalb der Gemeinschaft, die wiederum handfeste bauliche Infrastruktur hervorbringen kann«, stellte LCW-Direktor Bill Traynor fest.[15] Mit den sich entwickelnden Netzwerken entstand zivilgesellschaftliche Führung, und die Lebensbedingungen in Lawrence änderten sich ganz konkret.

LCW begann, dieses Netzwerk gezielt aufzubauen. Wer in Lawrence lebt oder arbeitet, kann ihm beitreten. Eine Mitgliedschaft bietet vielfältige Möglichkeiten der Mitarbeit. Einige Aktivitäten sind vorrangig darauf gerichtet, Sozialkapital aufzubauen, etwa wenn Leute zu einem gemeinsamen, selbst gekochten Essen zusammenkommen. Andere Aktivitäten ergeben sich aus Initiativen wie »Our Money, Our Future, Our Right to Know«, »Unser Geld, unsere Zukunft, unser Recht auf Information«, um mehr Bewohner:innen an der Diskussion über eine Zukunftsvision für ihre Gemeinschaft zu beteiligen und zu debattieren, wie die Kommunalverwaltung ihre Ressourcen am besten investieren kann, um die Lebensqualität in den Wohnquartieren der Stadt zu verbessern.

Noch einmal Bill Traynor: »Wichtig ist, dass es viele verschiedene Türen gibt. Wenn man drin ist, weiß man, dass man in einem Netzwerk ist. Ist man erst einmal drin, kann man sich umschauen und andere Dinge entdecken, bei denen man mitmachen kann, und dann versteht man auch diese Kultur. Leute, die durch eine bestimmte Tür eintreten, würden in der Regel nicht durch eine andere hereinkommen. Das ist transformativ, es entstehen neue Orientierungen und Identitäten, auf denen künftiges Handeln aufbauen kann.«[16]

Was kann ein solcher Ansatz bewirken? Hier ein paar Beispiele:

Die Strategie der »Neighbor circles« von LCW erreicht mittlerweile Hunderte Netzwerkmitglieder, die als Freiwillige an Nachbarschaftsprojekten und Entwicklungsaktivitäten auf Stadtteilebene mitarbeiten.

Dutzende Bewohner:innen wurden vom PODER Leadership Institute zu lokalen Organizern ausgebildet, um als Community Leader die Menschen in Aktivitäten zur Verbesserung der Lebensqualität in ihrer Stadt einzubinden.

Mit Unterstützung von LCW entwickelten Bewohner:innen »Our Money, Our Future, Our Right to Know« zu »The People's Guide to the Lawrence City Budget« weiter. Die 72 Seiten umfassende zweisprachige Broschüre gibt Aufklärung über die drei Hauptbereiche des öffentlichen Haushaltsplans von Lawrence: den Verwaltungshaushalt;

den Vermögenshaushalt; die Gelder aus dem staatlichen Programm zur Finanzierung lokaler Gemeindeentwicklungsprojekte und dem staatlichen HOME-Programm für bezahlbare Wohnungen für einkommensschwache Familien. Die Broschüre legt dar, woher das Geld für jeden dieser Haushalte kommt, was damit finanziert wird, wer über die Verwendung der Gelder entscheidet und welche Mitsprachemöglichkeiten die lokale Bevölkerung hat.

Seit Gründung des Netzwerks hat LCW für Neuinvestitionen in die Stadtteilentwicklung mehr als 70 Millionen Dollar mobilisiert. Es entstanden 162 bezahlbare Wohneinheiten auf fünfzehn Brachflächen, ein neues Stadtteilzentrum sowie drei Kinderspielplätze; außerdem wurde eine Vielzahl von Projekten zur Unterstützung einkommensschwacher Familien und der Jugend in Gang gebracht.

LCW wurde zur treibenden Kraft für eine faire Entwicklung und für wirtschaftliche Gerechtigkeit in Lawrence; sie ist eine der dynamischsten und effizientesten Stadtentwicklungsorganisationen im Bundesstaat Massachusetts. Dem LCW-Netzwerk haben sich mittlerweile Tausende angeschlossen, um miteinander in Kontakt zu treten und an lokalen Projekten mitzuarbeiten. Es ist offen und kann sich einem Wechsel der Aktivitäten und der Mitglieder flexibel anpassen. Das ist einer der Vorzüge einer solchen basisorientierten Form der Organisation. Statt sich auf ein bestimmtes, eng definiertes Ergebnis zu konzentrieren, hat das Netzwerk eine ermöglichende Funktion – es kann Leute dauerhaft einbinden und mobilisieren. Den Mitgliedern ist es ein Anliegen, Beziehungen zu anderen Bewohner:innen aufzubauen, zu festigen und aufrechtzuerhalten, die je nach Herausforderung und Anlass immer wieder neu aktiviert werden können.

*

Die in den vorigen Abschnitten erörterten Projekte wurden von Bürger:innen (oft mit Unterstützung von Stiftungen), nicht von Regierungen initiiert. Es sind Beispiele für Selbstorganisation auf kommunaler oder Stadtteilebene. Aber auch Regierungen können zu bestimmten Fragen Konsultationen mit Bürger:innen einberufen, nicht nur auf kommunaler, sondern auch auf Landes- oder Bundesebene. In den letzten Jahrzehnten wurden zahlreiche demokratische Innovationen vorgeschlagen, in wissenschaftlichen Diskussionen ebenso wie in der Politik, und viele wurden auch in der Praxis erprobt: Bürgerräte, Bürgerversammlungen, Deliberationsforen (deliberative polls) oder Bürgerhaushalte. Bei all diesen Formaten handelt es sich um dialogorientierte, partizipative Formen der Konsultation, die traditionelle Verfahren der repräsentativen Demokratie begleiten und bereichern.

Bevor wir einzelne Beispiele solcher Projekte untersuchen, müssen wir kurz einen Blick auf das größere

Feld der demokratischen Partizipation und der politischen Entscheidungsfindung werfen. In vielen Teilen der westlichen Welt steht dem schwindenden Interesse der Bürger:innen an traditionellen Formen der Partizipation auf dem Weg über politische Parteien und Wahlen ein Zuwachs an neuen Formen der Partizipation gegenüber, der Hoffnung macht. Den Menschen genügt es nicht mehr, nach einer Wahl die Kontrolle an die politischen Entscheidungsträger:innen zu übergeben; sie möchten sich am Dialog beteiligen und sich nicht auf die Rolle von bloßen Zuschauer:innen festlegen lassen. Sie wollen über Alternativen debattieren und fordern politische Handlungsräume für sich ein.

Mehr als je zuvor sind Bürger:innen bereit, sich zu engagieren, um ihre Lebensbedingungen selbst zu gestalten – sei es in Stadtteilen, Kommunen oder Regionen – und bei der Gestaltung der Öffentlichkeit mitzuwirken. Sie suchen nach neuen Formen der politischen Partizipation und fordern eine direkte Einbeziehung – mit wachsendem Erfolg.

Seit den 1990er-Jahren gibt es einen erheblichen Zuwachs an innovativen Formen der Bürgerbeteiligung, die jedoch noch abschließend definiert werden müssen. Sie unterscheiden sich von fest etablierten, gesetzlich regulierten Formen der Partizipation, etwa Konsultationen im Rahmen von Planungsverfahren oder den klassischen Instrumenten der direkten Demokratie wie Volksentscheiden oder öffentlichen Petitionen auf kommunalpolitischer Ebene.

Eine Vielzahl dieser neuen, dialogorientierten Formen der Partizipation belegt diesen Trend, angefangen mit der irischen Citizens' Assembly (unter anderem zur Bevölkerungsalterung und zum Klimawandel) über die Bürgerversammlung zur Wahlrechtsreform in der kanadischen Provinz British Columbia und die Konsensuskonferenzen in Dänemark (zur Abschätzung von Technikfolgen) bis hin zu lokalen Initiativen der Unterstützung von zivilgesellschaftlichem Engagement bei Entscheidungsfindungsprozessen der Regierung im indischen Bundesstaat Kerala. Solche Prozesse, die oft mehrere Diskussionsrunden durchlaufen und auf die Unterstützung durch Moderator:innen und manchmal auch Expert:innen aus dem akademischen und nicht akademischen Bereich angewiesen sind, streben nach gemeinsamen politischen Lösungen auf der Grundlage einer verantwortungsvollen (oder »offenen«) Ausrichtung auf die Zukunft, jenseits kurzfristiger (Wahlkampf-)Interessen.

Bürger:innen ergreifen zunehmend die Gelegenheit zur Teilnahme, um ihre Anliegen zu artikulieren und die lokale, regionale oder nationale Politik mitzugestalten. Onlinetools und -technologien, die in den vergangenen zehn Jahren verfügbar wurden, ermöglichen es überdies einer wachsenden Zahl von Bürger:innen, sich zu mobilisieren. Zwar hat die in den 1970er-Jahren begonnene

»partizipative Revolution« immer wieder Rückschläge erlitten, grundsätzlich aber hat sie sich als Mittel gegen die Entfremdung von den traditionellen demokratischen Institutionen bewährt – ein Gefühl, das Bürger:innen mit unterschiedlichem Nachdruck in allen OECD-Staaten artikuliert haben.

Das Spektrum der weltweit bisher eingesetzten dialogbasierten Formen der Partizipation (eine Vielzahl von Beispielen findet sich unter participedia.net) ist ausgesprochen breit. Es reicht von Großformaten wie Townhall Meetings mit mehreren Tausend Beteiligten bis hin zu Bürgerräten, Planungszellen und Konsensuskonferenzen mit zehn bis dreißig Personen. Rund zwanzig dialogbasierte Verfahren und Methoden haben sich inzwischen fest etabliert. Sie werden durch eine wachsende Zahl von online- und internetgestützten Beteiligungsverfahren ergänzt.

Diese verschiedenen Formate unterscheiden sich hinsichtlich ihrer Dauer (ein Tag bis mehrere Monate), ihrer Teilnehmerzahl (zwischen zehn und mehreren Tausend) und der Rekrutierung und Auswahl der Beteiligten (Selbstselektion, Auswahl nach dem Zufallsprinzip oder gezielte Auswahl). Manche Verfahren (zum Beispiel die Zukunftswerkstatt) sind grundsätzlich offen für alle, die sich für ein bestimmtes Thema interessieren, und die Beteiligten haben sich bewusst und freiwillig zur Mitwirkung entschlossen. Hier besteht die Gefahr, dass Personen mit einem hohen Bildungsabschluss oder Einzelpersonen und Gruppen, die über mehr freie Zeit verfügen wie Rentner:innen oder Studierende, überrepräsentiert sind. Das gilt auch für jene diskussionsfreudigen Personen, die manchmal spöttisch »die üblichen Verdächtigen« oder »Berufsbürger:innen« genannt werden. Es liegt uns fern, besonders aktive Bürger:innen zu kritisieren, aber eine Zufallsauswahl, wie sie Bürgerräten (Wisdom Councils) oder den Konsensuskonferenzen zugrunde liegt, kann gewährleisten, dass diese Gremien nicht von Partikularinteressen dominiert werden. Andererseits können bei einer gezielten Auswahl der Teilnehmenden (wie es in Mediationsverfahren praktiziert wird) die Organisatoren Einzelpersonen oder Repräsentanten unterschiedlicher Gruppen direkt ansprechen.

Für einen Wiederaufbau der Demokratie von unten könnte das gesamte Spektrum von Konsultationsverfahren bedeutsam sein. Aber noch einmal: Wir möchten unsere Diskussion hier auf Fälle beschränken, die wir kennen und die sich als besonders effektiv in Kontexten erwiesen haben, in denen die Bürger:innen erst einmal ein Problem definieren mussten, statt für ein bereits vorliegendes Problem eine Lösung zu finden.

Das kreative Potenzial und der Fokus auf das Gemeinwohl, die von einem gut durchgeführten Beteiligungsprozess mobilisiert werden können, sind wirklich erstaunlich. Für Berufspolitiker:innen, die an solchen Prozessen beteiligt sind, kann dieser kooperative Ansatz der Entscheidungsfindung eine Erfahrung sein, die ihnen die Augen öffnet. Gelungene Bürgerbeteiligung legt die verschiedenen Aspekte eines Problems oder Konflikts, aber auch die darunterliegenden, oft sehr unterschiedlichen Prinzipien und Wertvorstellungen offen und trägt dazu bei, falschen Konsensbildungen und den entpolitisierenden Narrativen heutiger Parteienpolitik entgegenzuwirken. Gut durchgeführte Bürgerbeteiligung kann vielfältigen Ansichten Ausdruck verschaffen und eine Kreativität freisetzen, die ungeahnte Lösungswege eröffnet. Dies wird erreicht, indem Menschen die Möglichkeit erhalten, ihren Standpunkt mit dem der anderen zu vergleichen und dadurch zu relativieren, ohne ihn notwendigerweise aufzugeben.

Betrachten wir nun einige interessante Fälle.

*

Ein gutes Beispiel für eine dialogorientierte Bürgerbeteiligung ist ein Projekt im österreichischen Bregenz. Stadtentwicklungsverfahren vollziehen sich in der Regel innerhalb enger Rahmenbedingungen, bei denen zahlreiche, zumeist handfeste Interessen auf ebenso zahlreiche Zwänge und Regulierungen stoßen. Nachdem jahrzehntelang keine politische Einigung erzielt worden war, stand im Jahr 2009 der Bregenzer Stadtrat kurz davor, einen

Masterplan zur Bebauung eines großen Areals direkt am Seeufer zu beschließen. Um sich den Rückhalt der Bevölkerung zu sichern und deren Anliegen in die Planungsphase mit aufzunehmen, rief die Stadt einen Bürger- oder Weisheitsrat ins Leben, ein Modell der partizipativen Politik, das als »Vorarlberger Modell« bezeichnet wird.[17] Schnell stellte sich heraus, dass aus Sicht der Bevölkerung die unzähligen, von der Stadt beauftragten Planer das Wichtigste vergessen hatten. Denn obwohl keiner der nach dem Zufallsprinzip ausgewählten Bürger:innen über planerische Qualifikationen verfügte, erkannten sie alle, dass das Projekt eine historische Chance bot: Endlich könnte die durch die Bahnlinie und eine stark befahrene Straße verursachte Trennung zwischen dem Bodensee und der Stadt aufgehoben werden.

Auf Grundlage dieser Erkenntnis entwickelte der Weisheitsrat eine Reihe von Vorschlägen, darunter die Idee einer breit angelegten Fußgängerüberführung, die als öffentlicher Raum dienen sollte (»Spanische Treppe«). Diese Überführung wurde dann vom Stadtrat einstimmig beschlossen. Das Beispiel zeigt, wie es gelingen kann, lokales Wissen durch Partizipation für das Gemeinwohl nutzbar zu machen. Der Bürgerrat war nicht das Sprachrohr einer Interessengruppe (die z. B. auf dem Areal Läden bauen wollte), sondern artikulierte die Vorstellung einer breiten (jedoch oft schweigenden) und gleichzeitig vielfältigen Öffentlichkeit über die Zukunft ihrer Stadt, allgegenwärtigen Tendenzen der Gentrifizierung, Verödung und sozialen Entfremdung zum Trotz.

Auch in den Vereinigten Staaten bemühen sich gemeinnützige Organisationen darum, Plattformen zu schaffen, um die Bewohner:innen direkt in die öffentliche Entscheidungsfindung einzubinden, hauptsächlich auf bundesstaatlicher oder lokaler Ebene. Ein Beispiel ist der Oregon's Kitchen Table (OKT), gegründet von einer Gruppe parteipolitisch nicht gebundener, gemeinnütziger Bürgerorganisationen. Die Gruppe hat es sich zum Ziel gesetzt, eine gründliche öffentliche Beratschlagung zu fördern, um Lösungswege für schwierige Probleme des Bundesstaates Oregon zu finden. Dazu bindet sie Bewohner:innen in inklusive, faktenbasierte Debatten ein, aus denen nützliche Vorschläge hervorgehen.

Ein Beispiel aus der jüngeren Vergangenheit ist das breite Engagement bei der Erarbeitung von Richtlinien für die Sanierung des Hafens von Portland. Bei der Umsetzung der Umweltschutzbestimmungen des Bundesstaates Oregon und schließlich auch der von der amerikanischen Umweltschutzbehörde bewilligten Anschubfinanzierung für einen Portland Harbor Superfund Cleanup wurden die während des Prozesses zutage tretenden Wertvorstellungen und Sichtweisen der Bewohner:innen berücksichtigt, auch die Erwägungen der Vertreter verschiedener ethnischer Gruppen und von Geflüchteten. Ähnliche Prozesse fanden in Eau Claire (Wisconsin), Portsmouth

(New Hampshire) und Fort Collins (Colorado) statt. Sie bekunden die wachsende Notwendigkeit, neue Ansätze der Politikgestaltung auch formal abzusichern.

Anschauliche Beispiele erfolgreicher Bürgerbeteiligung auf nationaler Ebene sind die sogenannten Bürgerversammlungen. Eine der ersten fand 2004 im kanadischen Bundesstaat British Columbia statt, als 161 nach dem Zufallsprinzip ausgewählte Bürger:innen eingeladen wurden, über eine mögliche Wahlrechtsreform zu diskutieren.

Die Citizens' Assembly on Electoral Reform bestand aus jeweils einem weiblichen und einem männlichen Mitglied der neunundsiebzig Wahldistrikte, einer Vertreterin und einem Vertreter der Natives/Aboriginals und einer:m Vorsitzenden. Das Auswahlverfahren erfolgte repräsentativ nach Geschlecht, Wohnort und Alter. Die Mitglieder wurden durch ein öffentliches Losverfahren bestimmt, und im Januar 2004 nahm die Versammlung ihre Arbeit auf.

Der Prozess gliederte sich in drei Hauptphasen. In einer zwölfwöchigen Lernphase hörten sich die Mitglieder die Stellungnahmen von Expert:innen an und tauschten sich in Gruppendiskussionen aus, um sich einen umfassenden Zugang zu relevanten Informationen zu sichern. Der Fokus lag auf einer kritischen Erörterung des geltenden Wahlsystems. In einer zweiten Phase im Mai und Juni, der Anhörungsphase, hielten die Mitglieder mehr als fünfzig öffentliche Vorträge zu den in der ersten Phase erzielten Erkenntnissen.

Im September und Oktober schließlich, der dritten Phase, traten sie erneut zusammen, um zu einer abschließenden Empfehlung zu kommen. Sie diskutierten, welches Wahlsystem mit Blick auf eine faire Sitzverteilung im Parlament, die Vertretung lokaler Anliegen und den Mechanismus der Wahlentscheidung für British Columbia am besten geeignet sein könnte. Es kristallisierten sich drei Wahlsysteme heraus, die in drei Wahlgängen gegeneinander abgewogen wurden.

Am Ende des insgesamt ein Jahr dauernden Entscheidungsfindungsprozesses sprach sich die Bürgerversammlung für das System des Single Transferable Vote aus (STV, übertragbare Einzelstimmgebung, ein Personenstimmgebungsverfahren, bei dem jeder Wähler nicht nur eine Stimme für den Kandidaten seiner Wahl hat, sondern alle Kandidaten nach seiner persönlichen Präferenzliste ordnen kann). Am 10. Dezember 2004 wurde der Regierung der Abschlussbericht vorgelegt mit der Empfehlung, das Wahlsystem entsprechend zu reformieren. Der Vorschlag scheiterte zwar bei einem Referendum im Jahr darauf an der erforderlichen Stimmenmehrheit, dennoch kann das Verfahren als Erfolg gewertet werden, zeigt es doch, wie Partizipation auf einer höheren politischen Ebene funktionieren kann.

Dieses demokratische Experiment in Kanada wurde

zum Vorbild für die irische Citizens' Assembly, die 2015 eine Verfassungsänderung zum umstrittenen Thema der gleichgeschlechtlichen Ehe erwirkte. Nach der Wirtschaftskrise 2008 waren in Irland politische Reformen unausweichlich geworden. Mit Unterstützung der Atlantic Philanthropies Foundation organisierten die Politikwissenschaftler:innen David Farrell und Jane Suiter im Juni 2011 unter dem Slogan »We the Citizens« eine Bürgerbegegnung (citizens' meeting). Unter Führung eines professionellen Teams von Moderator:innen kamen erstmals einhundert irische Staatsbürger:innen zusammen, um über Fragen der Reform- und Steuerpolitik in ihrem Land zu diskutieren. Überraschenderweise sprachen sie sich in ihrem Abschlussbericht gegen Steuersenkungen aus. Die Ergebnisse des ersten Treffens wurden Parlamentsabgeordneten übergeben, darunter der Vorschlag einer auf nationaler Ebene stattfindenden Bürgerversammlung.

Die neu gewählte Regierung aus Fine Gael und Labour-Partei stimmte der Einberufung einer staatlich initiierten Bürgerversammlung zu Fragen einer Verfassungsänderung zu. Im Juli 2012 wurden in einer parlamentarischen Resolution acht Hauptthemen definiert, darunter Klimawandel und Abtreibung. Tom Arnold, damals Vorsitzender der irischen Nichtregierungsorganisation Concern, wurde Vorsitzender des neu gegründeten Verfassungskonvents (Convention on the Constitution). Unterstützt wurde er von Art O'Leary, heute Generalsekretär des irischen Präsidenten, sowie von Farrell und Suiter, die das Projekt wissenschaftlich begleiteten.

Anders als bei Bürgerversammlungen (Citizens' Assemblies) bis dahin üblich, ernannte die Regierung dreiunddreißig Parlamentsabgeordnete (entsprechend den dreiunddreißig Wahlbezirken), die neben sechsundsechzig nach dem Zufallsprinzip (und repräsentativ hinsichtlich Geschlecht, Alter und Wohnort) ausgewählten Bürger:innen teilnehmen sollten. Man befürchtete, dass die Politprofis die Debatte in ungebührlicher Weise beherrschen würden. Tatsächlich musste Arnold immer wieder die Grundwerte der Diskussion – Offenheit, Fairness und Kollegialität – anmahnen. »Ich musste öfter darauf hinweisen, dass alle dasselbe Recht haben, sich an der Debatte zu beteiligen«, sagte er (ohne dass er immer Gehör fand, wie einige Teilnehmenden meinten).

Im April 2013 einigte sich die Citizens' Assembly in geheimer Abstimmung auf weitreichende Vorschläge zu einer Verfassungsänderung und zur Einführung der gleichgeschlechtlichen Ehe. Nach einem klaren Votum mit neunundsiebzig Ja- und neunzehn Nein-Stimmen (sowie einer Enthaltung) forderte Premierminister Enda Kenny einen Volksentscheid. Am 22. Mai 2015 stimmten 62 Prozent der irischen Bürger:innen für die Einführung der gleichgeschlechtlichen Ehe und damit für eine Verfassungsänderung.

Die irische Citizens' Assembly hat gezeigt, dass selbst sehr strittige Fragen durch Bürgerbeteiligung angegangen werden können. Die Teilnehmenden durchlaufen einen Lernprozess und sind, wenn sie über neue Informationen verfügen oder andere Standpunkte verstehen lernen, meist bereit, ihre Ansicht zu revidieren. Ungeachtet der Skepsis der irischen Politik und der Medien gelang es dieser gut organisierten und professionell begleiteten Bürgerversammlung in konstruktiver Arbeit, die politische Willensbildung auf nationaler Ebene zu äußerst kontroversen Themen vorzubereiten.

*

Diese Beispiele zeigen zwar, dass Bürgerbeteiligungsprozesse in verschiedenen Ländern durchgeführt werden, aber eine breite und systematische Institutionalisierung sowie der Aufbau einer selbstverständlichen Partizipationskultur fehlen nach wie vor. Es gibt allerdings einige vielversprechende Ansätze einer schrittweisen Institutionalisierung und Formulierung rechtlicher Rahmenbedingungen für Bürgerbeteiligung auf kommunaler und regionaler Ebene. So hat die Stadt Heidelberg eine »Koordinierungsstelle Bürgerbeteiligung« eingerichtet. Zu ihren Kernthemen zählen Stadtentwicklung, Flächennutzung und Klimaschutz.

Richtungsweisend für die Koordinierungsstelle sind

die vom Gemeinderat verabschiedeten Leitlinien für eine mitgestaltende Bürgerbeteiligung, die in der Satzung der Stadt verankert sind. Damit die Bürger:innen rechtzeitig Informationen über wichtige aktuelle Projekte und Planungen erhalten und eine stärkere Beteiligung einfordern können, wird von der Stadtverwaltung schon frühzeitig eine Liste der Planungsvorhaben erstellt, im Internet veröffentlicht und in den Bürgerämtern ausgelegt. Andere Regionen und Stadtverwaltungen folgen diesem Beispiel eines partizipativen Verfahrens auf kommunaler Ebene.

Im Jahr 2013 hat das österreichische Bundesland Vorarlberg nicht nur die direkte, sondern auch die partizipative Demokratie in seine Verfassung aufgenommen. Der in der Landesverfassung verankerten »Richtlinie der Vorarlberger Landesregierung zur Einberufung und Durchführung von Bürgerräten« folgend, berief das Bundesland 2015 über das staatliche Büro für Zukunftsfragen einen landesweiten Bürgerrat und ein Leitungskomitee mit Akteuren aus der Zivilgesellschaft ein. Aufgabe des Bürgerrats war die Auseinandersetzung mit der Asyl- und Geflüchtetenpolitik der Region Vorarlberg und die Erörterung von Fragen im Zusammenhang mit dem plötzlichen Anstieg der Geflüchtetenzahlen. (Im Mai 2015 war die Zahl der Asylanträge gegenüber Mai 2014 um 250 Prozent gestiegen.) Wie sollte die Region auf lokaler Ebene auf die globalen Entwicklungen reagieren, die zu der gestiegenen Zahl von Asylanträgen geführt hatte? Was konnte getan werden, um die Aufnahme von Geflüchteten in der Region zu erleichtern? Wie konnte das Handeln unterschiedlicher Akteure (Geflüchtete, Bürger:innen, die Medien, die Regierung und andere Institutionen) angesichts der neuen Herausforderungen koordiniert werden?[18]

Um die Einbeziehung unterschiedlicher Ansichten und Lebensstile zu gewährleisten, wurden die dreiundzwanzig Mitglieder per Losverfahren ausgewählt. Der Bürgerrat war somit divers hinsichtlich Alter (zwischen achtzehn und fünfundsiebzig Jahren), Geschlecht (zwölf Männer und elf Frauen) und Wohnort. Damit die Perspektive von Geflüchteten und Asylbewerber:innen angemessen berücksichtigt werden konnte, mussten mindestens 20 Prozent der Mitglieder des Bürgerrats Fluchterfahrung oder einen familiären Migrationshintergrund haben.

In einem ersten Schritt erarbeitete der Bürgerrat im Rahmen eines nicht öffentlichen zweitägigen Workshops eine gemeinsame Erklärung. Die Beratungen wurden von vier Moderator:innen strukturiert, die mit der Methode der Dynamic Facilitation (offen moderierte Gruppendiskussion) vertraut waren und eine konstruktive, kreative Zusammenarbeit der Teilnehmenden garantierten. Die gemeinsame Erklärung war das Ergebnis eines sorgfältigen Nachdenkens über die Bedingungen eines gedeihlichen Zusammenlebens. Hervorgehoben wurden die Bedeutung von Kontaktmöglichkeiten zwischen Einheimischen und Geflüchteten und die Stärkung von deren

Unabhängigkeit durch einen schnellstmöglichen Zugang zum Arbeitsmarkt. Darüber hinaus wurden praktische Maßnahmen erarbeitet, um diese Ziele zu erreichen, zum Beispiel die Anerkennung der schulischen und beruflichen Qualifikation von Asylsuchenden oder die Identifizierung geeigneter Jobangebote in der Region.

Nach ihren Erfahrungen während dieser ersten Phase befragt, berichteten die Mitglieder des Bürgerrats, sie alle hätten das Gefühl gehabt, dass »es auf jeden ankommt, dass jeder etwas tun kann« und »dass dieses Thema uns alle angeht«. Der Workshop habe sie auch ermuntert, sich auf praktische Lösungen zu konzentrieren statt auf Ängste und Bedenken, und habe sie offener für neue Informationen gemacht, die ihnen wiederum halfen, alte Vorurteile abzulegen. Und schließlich berichteten die Teilnehmenden ohne persönliche Migrationserfahrung, die Diskussion habe ihre Neugier, aber auch ihre Betroffenheit über das Schicksal von Geflüchteten und Migrant:innen erhöht, sodass ihnen deren Wohlergehen jetzt mehr am Herzen liege. Somit bot der Bürgerrat schon in dieser frühen Phase des Verfahrens und in dem engen zeitlichen Rahmen von zwei Tagen eine Chance zur Entwicklung unserer in Kapitel 1 dargelegten vier Bausteine deliberativer Gemeinschaften: Aufbau eines kollektiven Gefühls von Handlungsfähigkeit auf kommunaler Ebene; inklusive Solidarität und Vertrauen; kollektive Kreativität; Koordinierung von Zielen und Wissen.

Um die Ergebnisse und Erfahrungen des Bürgerrats in den Kommunen der Region bekannt zu machen, wurden weitere Schritte unternommen. Ein paar Tage nach der ersten Gesprächsrunde führte das Leitungskomitee des Bürgerrats zwei Bürgercafés durch, als öffentliche Foren, in denen die gemeinsame Erklärung des Bürgerrats vorgestellt und erörtert wurde. Diese öffentlichen Versammlungen trugen nicht nur zu einer breiten Akzeptanz der in der gemeinsamen Erklärung gemachten Vorschläge bei, sondern stärkten auch das Gefühl kollektiver Handlungsmacht und Verantwortung, das im Bürgerrat innerhalb der lokalen Gemeinschaft gefördert worden war. Die Teilnehmenden gaben diesem Gefühl Ausdruck, wenn sie sagten, es gehe »um die persönliche Einstellung und die Hilfsbereitschaft, damit ein Weg gefunden wird, mit der Entwicklung umzugehen. Ein Weg, der dazu beitragen kann, Ängste abzubauen.«

In einer dritten Stufe des Prozesses trat im Juli eine Resonanzgruppe zusammen, um die Ergebnisse der vorausgehenden Stufen zu reflektieren und zu kommentieren und auf institutioneller Ebene Lösungen zu entwickeln. Die Resonanzgruppe bestand aus Vertreter:innen der für das Flüchtlings- und Asylwesen zuständigen Landesverwaltung, der für die Initiierung des Bürgerratsverfahrens zuständigen Stellen (Mitglieder des staatlichen Büros für Zukunftsfragen sowie des Leitungskomitees des Bürgerrats) sowie des Bürgerrats selbst (ein Mitglied und ein Moderator). Die Resonanzgruppe hatte zwei Aufgaben: Sie versuchte – erstens –, die Aktivitäten und Zuständigkeiten der Institutionen zu koordinieren, um die Asyl- und Flüchtlingsfragen wirksamer und im Einklang mit den Empfehlungen des Bürgerrats zu lösen. Und sie ergriff – zweitens – Maßnahmen, um der Forderung nach Unterstützung der ehrenamtlichen Tätigkeit auf kommunaler Ebene zu entsprechen. Diese dritte Stufe des Prozesses war entscheidend, um die Ideen des Bürgerrats in politische Maßnahmen und konkretes Handeln umzusetzen.

Das »Vorarlberger Modell« beinhaltet nicht nur die in der Landesverfassung verankerte Richtlinie zur Einberufung und Durchführung von Bürgerräten, sondern trägt auch der Tatsache Rechnung, dass solche deliberativen Prozesse sorgfältig geplant werden müssen. Das betrifft ihre interne Struktur (lösungsorientierte Methoden der Moderation und eine mehrstufige Konsultation), aber auch ihre Verbindung zu politischen und administrativen Gremien.

Diese Versuche, Bürgerbeteiligung in einem größeren Rahmen zu institutionalisieren und zu verfestigen, sind vielversprechend, doch das Potenzial der partizipativen Demokratie wird in der Regel immer noch durch eine etablierte Logik der repräsentativen Politik eingeschränkt, im Denken wie im Handeln. Das Haupthindernis in Politik und Verwaltung ist nach wie vor, dass es an Offenheit und Bereitschaft für den Wandel, an finanziellen und personellen Ressourcen sowie an Wissen über partizipative Ansätze fehlt, was Bedenken und Widerstände zur Folge hat.

Eines aber ist sicher: Der Wunsch der Bürger:innen nach Mitsprache und ihr Wille, sich politisch zu engagieren, ist vorhanden und wird in absehbarer Zukunft nicht schwinden. Politik und Verwaltung müssen erkennen, dass sie dieses zivilgesellschaftliche Engagement für konstruktive Lösungen im Dienst des Gemeinwohls nutzbar machen – und damit auch ihre Legitimation als Volksvertretung stärken – können. Andernfalls wird es sich in Unruhe und Protest Ausdruck verschaffen und zu politischem Stillstand führen.

*

Bürgerbeteiligung wird nicht nur dazu beitragen, unsere Demokratien neu zu beleben. Sie könnte auch die Fähigkeit der repräsentativen Demokratie stärken, Probleme wie die Transformation zu mehr Nachhaltigkeit zu lösen. Eine solche Transformation braucht dialogorientierte Prozesse, bei denen es nicht nur darum geht, den Nutzen und die Vorteile bestimmter Maßnahmen (wie Wind- und Sonnenenergie) gegeneinander abzuwägen, sondern auch darum, weitreichende Entscheidungen über die Ausrichtung der gesellschaftlichen Entwicklung insgesamt zu treffen. Hierbei spielen Themen wie Lebensqualität, Alternativen zum dominierenden Lebensstil, Konzepte der Planung, Gestaltung und Bebauung öffentlicher Räume etc. eine wichtige Rolle.

Anders, als man gemeinhin denkt, und anders, als Politiker, Verwaltungsfachleute und Unternehmer meinen, die die Energiewende (oder die Transformation hin zu einer nachhaltigen Zukunft) initiieren, handelt es sich dabei nicht nur um eine Angelegenheit für Techniker und Fachleute. Eine solche Transformation bedarf vielmehr einer breiten gesellschaftlichen und politischen Mobilisierung, sie ist »unser aller Angelegenheit«. Die Bürger:innen sollten beispielsweise die Möglichkeit erhalten, an der Umsetzung der Strategie zum Kohleausstieg auf kommunaler oder regionaler Ebene wirksam mitzuarbeiten. Auch eine umfassendere Debatte über unser Wirtschaftsmodell könnte notwendig sein, besonders mit Blick auf dessen Abhängigkeit vom Konzept der Erwerbsarbeit und von einem hohen Ressourcenverbrauch. Zum Beispiel könnte man über eine sozialökologische Wirtschaftspolitik als Alternative zur keynesianischen Strategie des permanenten Wachstums und über die Notwendigkeit zum Konsumverzicht diskutieren. Solche Fragen können natürlich nicht abstrakt und rein theoretisch erörtert werden, sondern müssen mit konkretem Bezug auf lokale und regionale Projekte angegangen werden.

Dabei geht es weniger um technologische Innovationen als um die Zukunft der Gesellschaft insgesamt: Es geht nicht nur darum, wie die Bevölkerung einer Stadt in den kommenden Jahrzehnten ihre CO_2-Emissionen drastisch reduzieren kann, sondern auch um die Frage, was für ein Leben die Menschen in zehn, zwanzig oder dreißig Jahren führen wollen, und damit um die grundsätzliche Ausrichtung ihrer künftigen Entwicklung. Es bedarf daher einer ausreichend großen Bürgerbeteiligung, damit Perspektiven einer mittel- bis langfristigen Zukunft ins Zentrum der Aufmerksamkeit rücken, und einer geeigneten Form, damit dieser Diskurs von den Legislativ- und Exekutivorganen aufgegriffen und zur Grundlage für Entscheidungsfindungen werden kann.

Zu diesem Zweck haben Claus Leggewie und Patrizia Nanz »Zukunftsräte« als permanente Gremien vorgeschlagen, um wichtige Zukunftsfragen zu identifizieren und Lösungsvorschläge zu erarbeiten.[19] Einem Zukunftsrat gehören zwischen fünfzehn und fünfzig nach dem Zufallsprinzip ausgewählte Personen an, die einen Querschnitt der lokalen Bevölkerung abbilden, besonders hinsichtlich der Mischung der Generationen. Dieser Rat sollte regelmäßig zusammentreten, und die Teilnehmenden sollten für eine Amtsperiode von zwei Jahren eine maßvolle Aufwandsentschädigung erhalten. In seiner Tätigkeit sollte er von einem Team von Verwaltungsmitarbeiter:innen mit Moderationserfahrung unterstützt werden, die auch an der Geschäftsführung mitwirken.

Eine die verschiedenen Ebenen des politischen Geschehens – von der Gemeinde über die Region bis zur Nation und zur Europäischen Union – umspannende Vernetzung von Zukunftsräten könnte auch einen Beitrag zur Lösung des Problems der Verflechtung lokaler mit höheren Instanzen (Mehr-Ebenen-Problematik) und zur Lösung globaler Probleme leisten, die nur auf lokaler Ebene zu bewältigen sind. »All politics is local and has global effects«, so könnte man ein geflügeltes Wort der US-amerikanischen Politik ergänzen und die »Glokalisierung« der Welt auf eine Formel bringen.

Diese Zukunftsräte sollten sich dauerhaft mit langfristigen Problemen und Projekten (in einem zeitlichen Planungshorizont von mindestens zehn Jahren) befassen, die künftige Generationen (beginnend mit den heute Unter-Zwanzigjährigen) mit hoher Wahrscheinlichkeit betreffen werden, auch wenn potenzielle Interessenkonflikte noch nicht manifest sind. Eine solche langfristige Ausrichtung kann ein Gegengewicht zum »Präsentismus« heutiger Politik bilden, bei dem die Akteure lediglich die nächste Wahl, die letzte Umfrage oder die anstehende Quartalsbilanz im Blick haben.

An wichtigen Themen herrscht kein Mangel. Eines ist die Transformation einer Kohleregion, ein anderes die Transformation von Unternehmen und Gesellschaft durch digitale Informations- und Kommunikationstechnologien, was für die Arbeitswelt, die Privatsphäre und den politischen Raum (aber auch für unterschiedliche

Formate der Bürgerbeteiligung) weitreichende Folgen haben wird.

Ein Zukunftsrat muss mit Blick auf die Wahrung des Gruppenzusammenhalts konzipiert sein, sodass Cliquenbildung verhindert, wirksame und faire Kommunikation gewährleistet und eine kreative Gruppendynamik gefördert werden. Diesem Ziel ist eine Größe von fünfzehn bis maximal zwanzig Teilnehmenden auf lokaler und von bis zu fünfzig Teilnehmenden auf Landes- und Bundesebene förderlich. Um die Heterogenität der Bevölkerung in angemessener Weise abzubilden, sollten die Mitglieder von Zukunftsräten durch eine qualifizierte Zufallsauswahl bestimmt werden. Anzustreben ist eine faire und gleiche Vertretung aller Altersgruppen und eine annähernde Geschlechterparität. Wichtig sind überdies die Beteiligung von Menschen mit formal unterschiedlichen Bildungsgraden und eine adäquate Vertretung von Migrant:innen.

Ein Organisationsteam und Moderator:innen sollten den unterstützenden Rahmen bereitstellen, der eine hohe Gesprächsqualität gewährleistet und es den Bürger:innen erlaubt, ihren Arbeitsprozess weitgehend selbstständig zu organisieren. Zentral für den Erfolg dieses Modells einer Beteiligung der Öffentlichkeit ist ein verbindliches Feedback des Gemeinderats, Landtags oder Bundestags. Die mit diesem Feedback verbundenen Regeln müssen größtmögliche Transparenz schaffen, ob und wie ein von einem Zukunftsrat vorgeschlagenes Anliegen aufgegriffen worden ist. Damit sind die Entscheidungsgremien in die Pflicht genommen, ihr Handeln (oder Nichthandeln) gegenüber einem Zukunftsrat, einer Gemeinde oder einer ganzen Region zu begründen, nicht nur unmittelbar, sondern auch noch Monate und Jahre später.

Diese Verpflichtung muss in die jeweiligen Geschäftsordnungen aufgenommen werden, damit Zukunftsräte, die Öffentlichkeit und die politisch Verantwortlichen angehalten sind, in einen breiten, auf Augenhöhe geführten Meinungsaustausch zu treten. Den regelmäßigen Berichtspflichten der Zukunftsräte entspricht die Verpflichtung der Exekutiv- und Legislativorgane, sich in einer angemessenen Frist mit diesen Vorlagen zu befassen. Haben die Ergebnisse und Empfehlungen eines Zukunftsrats erhebliche Auswirkungen auf den politischen Prozess, könnte die Wahlbevölkerung aufgefordert werden, in einem Referendum dazu Stellung zu beziehen.

Wenn wir die Konsultative (das Netzwerk aus Zukunftsräten und kurzfristigen zivilgesellschaftlichen Beteiligungsformaten zu konkreten Projekten oder Entscheidungen) als »vierte Gewalt« bezeichnen, soll damit weder einer technokratischen noch einer revolutionären Aushöhlung der demokratischen Gewaltenteilung und der repräsentativen Demokratie das Wort geredet werden. Es geht uns vielmehr um eine zeitgemäße und dezentrale Unterstützung seitens der Basis für das bestehende System der Gewaltenteilung und der repräsentativen Demokratie durch die Weisheit der vielen. Der Konsultative kann es in gewissem Umfang gelingen, die Defizite der derzeitigen demokratischen Gremien zu kompensieren. Durch die Artikulation von Wertekonflikten könnten Zukunftsräte zum Beispiel die wachsende Entpolitisierung der Parteienpolitik wirkungsvoll ausgleichen und verhindern, dass gut organisierte Interessenträger (Stakeholder) die Entscheidung über Schlüsselfragen unserer Zukunft dominieren. Man denke nur an die wachsende informelle Macht privatwirtschaftlicher Investor:innen bei der Stadtentwicklung (und die gerade dort auftretenden Fälle von Vetternwirtschaft und Korruption).

Zukunftsräte wirken darüber hinaus der strukturellen Überforderung politischer Akteure entgegen, indem sie Verantwortung für langfristige oder hochriskante Entscheidungen mit übernehmen und dabei die Vielfalt ihrer Mitglieder und deren konstruktive Weisheit nutzen. Sie erleichtern die Zusammenarbeit zwischen Bürgerschaft, Politik, Expert:innen und Regierungsbehörden und können politische Handlungsspielräume erheblich erweitern und die repräsentative Demokratie insgesamt stärken – allerdings nur, wenn die Vertreter:innen etablierter politischer Institutionen auch bereit sind, den Bürger:innen eine maßgebliche Rolle bei der Erörterung von Zukunftsfragen zuzugestehen, in einen echten Meinungsaustausch mit ihnen zu treten und eine klare

Rückmeldung zu den von der Öffentlichkeit gegebenen Anregungen und Vorschlägen zu garantieren.[20]

*

Bevor wir diese Erörterung erfolgreicher Projekte der Bürgerbeteiligung abschließen, wollen wir uns anschauen, in welcher Weise die Erweiterung der Partizipation das Schicksal der Bewohner:innen einer Region wie der Lausitz verbessern könnte. Auf Bundesebene, also zwischen den Ministerien, gibt es einen wachsenden Konsens, dass vor allem in den ostdeutschen Bundesländern eine Energiewende notwendig ist, was angesichts des kritischen Zustands unseres Planeten geboten erscheint. In der Lausitz selbst dagegen ist dieser annähernde Konsens über einen Ausstieg aus dem Braunkohleabbau und der Verstromung von Braunkohle umstritten.

Die Situation ist ähnlich wie in den amerikanischen Appalachen. Die Region wird Wege finden müssen, mit dem Verlust eines erheblichen Teils ihrer lokalen Wirtschaftsaktivitäten fertigzuwerden. Für die Arbeiterschaft und die Bewohner:innen der dortigen Kommunen steht die mit ihrem Berufsleben verknüpfte Identität infrage. Gefährdet sind aber auch die sozialen und familiären Beziehungen der Menschen, die wirtschaftlich vom Kohlebergbau abhängen. Die in vielen Teilen der Welt bisher ergriffenen Maßnahmen zum Kohleausstieg waren mehr auf die technischen als auf die sozialen oder politischen Aspekte des Strukturwandels gerichtet. Man kümmerte sich nur um die Folgen der Stilllegung der Kohleanlagen, anstatt den Zukunftsängsten der Betroffenen zu begegnen oder sie in die Lage zu versetzen, selbst eine stimmige Vision und eine neue Strategie für ihre Region zu entwickeln.

Bund und Länder haben dem Lausitzer Revier beträchtliche Finanzhilfen zugesichert. In dem vom Bundeskabinett beschlossenen *Entwurf eines Strukturstärkungsgesetzes Kohleregionen* vom August 2019 sind bis zum Jahr 2038 rund 17 Milliarden Euro für Infrastrukturmaßnahmen und die wirtschaftliche Entwicklung der Region vorgesehen.[21] Die Ministerpräsidenten von Sachsen und Brandenburg haben eine Liste mit siebzig Projekten erstellt, unter anderem eine schnelle Bahnverbindung nach Berlin, eine Initiative zur Ankurbelung des Tourismus in der Lausitz und die Ansiedlung neuer Forschungseinrichtungen in der Region. Dabei gingen sie von der vagen Annahme aus, dass diese Projekte die Region wirtschaftlich regenerieren werden, ohne jedoch zu wissen, ob diese Projekte tatsächlich im langfristigen kollektiven Interesse der Bevölkerung liegen.

Bei näherer Betrachtung gibt es widerstreitende Perspektiven. Geht es um Arbeitsplätze, um die Entwicklung innovativer Wirtschaftsstandorte oder um regionale Identität? Oder sogar um nationale Identität? Damit die regionale Transformation gelingt, reicht es nicht aus, lediglich Geld zur Verfügung zu stellen. Es müssen regionale Akteure und jene Bewohner:innen einbezogen werden, die an der Umgestaltung ihrer Region aktiv mitarbeiten wollen. Dafür bedarf es einer gut organisierten, echten Bürgerbeteiligung.

Eine Menge Konflikte sind vorstellbar, doch die zentralen Fragen lauten: Wie können lokale Gemeinschaften ermutigt werden, ihr Schicksal selbst in die Hand zu nehmen? Und wie sollte eine Kooperation aussehen, bei der regionale Akteure an der Identifizierung der politischen Probleme und an der Erarbeitung von Zukunftsvisionen beteiligt sind? In jedem Fall muss Bürgerbeteiligung mit den politischen Institutionen verknüpft und zu einer Art Betriebssystem für eine neue politische Architektur der regionalen Transformation werden. Die Situation in der Lausitz schreit geradezu nach der Art von schlüssigem Projekt, wie es in South Wood County, Wisconsin, durchgeführt wird. Bisher aber scheint ein solches Projekt noch in weiter Ferne zu liegen.

*

Heute leben viele Menschen in einer selbst auferlegten Isolation. Sie wenden sich von der Politik ab oder schließen sich zu neuen Identitäts- und Interessengemeinschaften zusammen. Bei dem hier vorgestellten konsultativen

Ansatz geht es darum, eine Sphäre der institutionalisierten Partizipation zu schaffen, die die Grundüberzeugungen von Bürger:innen zur Geltung bringt, sichtbar macht, wo die Konfliktlinien verlaufen, und sie dadurch schließlich für das Gemeinwohl nutzbar macht. Dabei muss es um die Gestaltung unserer gemeinsamen Zukunft gehen, dies ist kein Ort für vage Versprechungen. Die Legislativ- und Exekutivorgane der demokratischen Regierung müssen Rechenschaft ablegen, ob und in welcher Weise die Ergebnisse einer partizipativen Konsultation in den politischen Prozess einfließen werden. Das bedeutet nicht, dass die Konsultative dasselbe Gewicht haben sollte wie die Entscheidungsgewalt der gewählten Mandatsträger:innen. Wir knüpfen hier vielmehr an den bereits erwähnten Begriff des Politischen bei Hannah Arendt an, der das gemeinsame Handeln im öffentlichen Raum in den Vordergrund rückt, im Unterschied zum Handeln von Politiker:innen bzw. zu Politik als sozialem Funktionssystem von Regierung oder Verwaltung.

Arendt betont die politische Rationalität, die in kommunikativen Momenten der Deliberation aufscheint und über unser normales Miteinander hinausgeht. Diese Dimension des idealen und sich kontinuierlich entfaltenden politischen Lebens erinnert uns daran, dass wir als Bürger:innen selbst Sorge dafür tragen müssen, diesen öffentlichen Raum zur demokratischen Selbstbestimmung zu schaffen.

Die Institutionalisierung von Bürgerbeteiligung etwa in Form von Zukunftsräten ist ein wichtiger Schritt in Richtung partizipative Demokratie. Sie könnte einen breiten gesellschaftlichen Lernprozess in Gang bringen und einen normativen Rahmen für kollektives Handeln schaffen, der das politische System tatsächlich transformiert. Es wird nicht reichen, der alten Fassade eines weitgehend entpolitisierten demokratischen Systems einen partizipativen Anstrich zu geben. Der Modus demokratischer Politik muss sich insgesamt ändern.

Kapitel 3
Beiträge zur demokratischen Erneuerung

Es könnte hilfreich sein, die Fäden zusammenzuführen, die unsere Beschreibung sehr unterschiedlicher Projekte auf mehreren Kontinenten durchziehen. Zwei Hauptziele motivieren alle diese Initiativen, so unterschiedlich sie in ihrer Struktur und ihrer Funktionsweise auch sind: 1) das Ziel, neue und Erfolg versprechende politische Maßnahmen oder Programme zu definieren, um wichtigen Bedürfnissen der Bürger:innen Rechnung zu tragen; und 2) das Ziel, rund um diese Maßnahmen für Engagement, Zusammenhalt und Solidarität zu sorgen. Die Ansätze mögen unterschiedlich sein, die Ziele aber sind bei allen diesen Projekten dieselben.

Die in Kapitel 2 erörterten Projekte der Selbstorganisation an der Basis befördern diese beiden Ziele gleichermaßen; einige Varianten der konsultativen Bürgerbeteiligung, die wir betrachtet haben, sind jedoch besser geeignet, neue Lösungen zu definieren, als Unterstützung für ihre Umsetzung zu mobilisieren. Diese konsultativen Prozesse garantieren eher einen repräsentativen Bevölkerungsquerschnitt als die Selbstselektion, von der sich, zumindest anfangs, eher die traditionellen Eliten angesprochen fühlen. In jedem Fall werden gut konzipierte Lösungen für knifflige Probleme Unterstützung finden (siehe die Beispiele Bregenz und Vorarlberg, die zeigen, wie aus Konsultation aktive Mitwirkung an der Entscheidungsfindung werden kann).

Diese beiden Ziele dienen gemeinsam dem in Kapitel 1 benannten zentralen Anliegen, die Bürger:innen mit ihren Bedürfnissen und Bestrebungen wieder an unsere repräsentativen Institutionen anzubinden oder, anders formuliert, die Sphäre des Politischen im Sinne Hannah Arendts zu erweitern. Wir glauben, dass unsere repräsentativen Demokratien ohne diese und andere Formen der Erweiterung in großer Gefahr sind.

So unterschiedlich all diese Verfahren auch sind, sind sie doch an bestimmte Vorbedingungen gebunden. Sie brauchen in der Regel zwei Arten von Impulsen, entweder seitens der Regierung oder seitens gemeinnütziger Organisationen und Stiftungen. Der erste Impuls besteht darin, das Projekt überhaupt zu initiieren: wenn beispielsweise eine Regierung einen Zukunftsrat gründet und die Auswahl der Teilnehmenden beaufsichtigt oder wenn sich eine Stiftung wie Incourage in Wisconsin oder das Jacobs Center for Neighborhood Innovation in San

Diego engagiert. Für solche Projekte müssen oft beträchtliche Geldsummen mobilisiert werden, die eine Kommune selbst nicht aufbringen kann oder (anfangs) nicht zur Verfügung stellen will. Die Finanzierung muss indes für einen ziemlich langen Zeitraum gesichert sein.

Der zweite Impuls besteht in der Mobilisierung von Expertise unterschiedlichster Art: Notwendig sind wissenschaftliche Fachkenntnisse, ein Verständnis der wirtschaftlichen Zusammenhänge, ein Bewusstsein für die Tücken dieser Form der Organisation und so weiter. Doch wie wir immer wieder betonen, darf diese Expertise nicht von oben herab und mit der Haltung »Wir wissen Bescheid, und ihr habt keine Ahnung« übermittelt werden, schon gar nicht in dem derzeit herrschenden Klima des Argwohns und der Feindseligkeit gegenüber den Eliten. Diesen Faktor außer Acht zu lassen, kann das gesamte Projekt unterminieren und zum Scheitern verurteilen.

Die Einbeziehung von Expertise kann deshalb nur durch professionelle Moderator:innen vermittelt werden. Sie müssen der Skepsis gegenüber den Eliten Rechnung tragen und imstande sein, das Vertrauen der Menschen und Gemeinschaften zu gewinnen, die sich wirkungsvoll artikulieren möchten. Ihre Rolle ist entscheidend für den Wiederaufbau der Demokratie von unten.

*

Kehren wir kurz zu unserer grundlegenden Sorge um den kritischen Zustand der heutigen Demokratien zurück. Wie können die dargestellten Formen der Stärkung von Demokratie an der Basis zu einer demokratischen Wiederbelebung des gesamten politischen Systems beitragen? Wie können sie zu einer gesteigerten Wirksamkeit des bürgerschaftlichen Engagements beisteuern, gefühlt wie real? Wie können sie helfen, die Mängel unserer repräsentativen Systeme zu überwinden oder zu umgehen?

Um diese Fragen zu beantworten, müssen wir uns ansehen, was in den vergangenen Jahrzehnten in diesen Systemen passiert ist. Theoretisch können Bürger:innen Einfluss nehmen, indem sie eine Partei wählen, die verspricht, den Wählerwillen umzusetzen. Durch den Eintritt in eine Partei und die Mitarbeit an deren Programm können sie dafür sorgen, dass die Partei vorteilhafte Ziele verfolgt. Auch wenn ein solches Idealbild des politischen Prozesses wohl nie ganz verwirklicht worden ist, waren die westlichen Demokratien vor fünfzig Jahren ihm gewiss näher, als sie es heute sind. Seither sind viele politische Probleme komplexer, ja oft sogar unlösbar geworden, denken wir nur an so besorgniserregende globale Entwicklungen wie den Klimawandel und die interkontinentale Massenmigration. Viele weitere Probleme entstehen durch Automatisierung und Massenkommunikation, durch die sozialen Medien, durch eine größere Diversität und so weiter. Hauptsächlich als Reaktion auf diese neuen Herausforderungen wurden in vielen Ländern neue politische Parteien gegründet. Die grünen Parteien sind hierfür ein gutes Beispiel. Solche neuen Optionen haben vielfach zum Niedergang der traditionellen Parteien beigetragen.

All diese Veränderungen machen es den Bürger:innen schwer, eine Partei zu finden, die verspricht, aus einem breiten Themenspektrum die von ihnen favorisierten Ziele umzusetzen. Und selbst wenn es eine solche Partei gäbe, wird sie mit anderen Parteien zusammenarbeiten müssen, um die dafür notwendigen Gesetze durchs Parlament zu bringen. All dies hat zur Intransparenz und scheinbaren Unzugänglichkeit der repräsentativen Demokratien beigetragen, es gibt den Bürger:innen das Gefühl, nichts bewirken zu können. Aber umgekehrt ist auch die bürgerschaftliche Beteiligung am Parteiensystem vielerorts dramatisch zurückgegangen, was zur Schwäche der Parteien und zu ihrem Unvermögen beigetragen hat, die Ansichten und Bestrebungen der Bürger:innen zum Ausdruck zu bringen. Dieser kausale Kreislauf einer Abwärtsspirale des Parteiensystems wird für das Prinzip der repräsentativen Regierung selbst zum Problem.

Wie kann man darauf reagieren? Wie kann das Vertrauen in die repräsentative Demokratie wiederhergestellt werden? Wir müssen andere Entwicklungen in unseren Demokratien betrachten, insbesondere Protestbewegungen, die imstande sind, zu agitieren, Kampagnen durchzuführen und – oftmals große – Demonstrationen zu organisieren, um von den Regierungen bestimmte Maßnahmen einzufordern. Zu den Beispielen der letzten Jahre zählen die verschiedenen Occupy-Bewegungen, die Indignados-Bewegung in Spanien und die Mobilisierung von Schüler:innen gegen das Waffenrecht in den Vereinigten Staaten.

Diese Bewegungen sind mächtig, erreichen aber die angestrebten Veränderungen oft nicht, weil sie mit dem repräsentativen System – politischen Parteien, Abgeordneten und Regierungen – nicht zusammenspielen. Der Grund dafür liegt in der verächtlichen Haltung der Demonstrierenden gegenüber den Politiker:innen, die sich ihrer Ansicht nach von niederen Interessen leiten lassen. Die Politiker:innen ihrerseits reagieren mit einer gleichermaßen ablehnenden, herablassenden Haltung gegenüber den ihrer Ansicht nach naiven und weltfremden Youngstern.

Die Folge ist, dass Bewegungen wie Occupy – mit ihrem hehren Ziel, die Macht der Banken zu brechen, damit sie nicht mehr ganze Volkswirtschaften ins Trudeln bringen wie in der Finanzkrise 2008 – zum Scheitern verurteilt sind, was allen zum Nachteil gereicht. Politische Parteien und Protestbewegungen müssen in ihrem Handeln zusammenspielen, sonst laufen sie Gefahr, dem Gang der Ereignisse ohnmächtig zusehen zu müssen. Was Parteien in der Vergangenheit oft durch ihre große Mitgliederzahl und ihre Verbindungen zu Gewerkschaften und Genossenschaften erreicht haben, als sie die Ansichten breiter Bevölkerungsmassen in Gesetzesvorlagen fließen lassen konnten, muss heute durch Bündnisse zwischen Parteien und sozialen Bewegungen erreicht werden. Die für einen nachhaltigen Wandel notwendige Synergie lässt sich heute nicht mehr, wie es einst den sozialdemokratischen Parteien gelang, im Rahmen der institutionellen Strukturen mobilisieren. Sie muss durch konzertiertes Handeln immer wieder neu geschaffen werden.

Aber was hat das mit den Modalitäten der Demokratie an der Basis zu tun, die wir hier erörtern? Es liegt auf der Hand, dass die Kooperation lokaler Initiativen mit breiter aufgestellten sozialen Bewegungen Letzteren entscheidenden Auftrieb geben könnte. Eine lokale Bevölkerung, die sich über ihre Bedürfnisse im Klaren ist, könnte die breiteren Bewegungen für den Wandel stärken und deren Ziele präzisieren und untermauern. Diese Bewegungen könnten neue Anhänger gewinnen und hätten weitere Argumente für ihre Forderungen zur Hand. Sie könnten und sollten mit Advocacy-Organisationen zusammenarbeiten, die mit ihrer Expertise bereit sind, bestimmte Reformen zu unterstützen.

Man stelle sich den Synergieeffekt vor, wenn die drei Formen des politischen Handelns – Parteien, soziale Bewegungen und gut informierte und engagierte lokale Stadtteil- und Advocacy-Organisationen – an einem Strang ziehen würden.

Betrachten wir noch einmal eines der Beispiele, mit denen wir dieses Buch begonnen haben: die Situation in ehemals blühenden Industrieregionen, wo bisherige Beschäftigungsformen verschwunden sind und in der Bevölkerung ein Gefühl der Verbitterung und Vernachlässigung um sich gegriffen hat. Dieses machtvolle negative Gefühl hat mitgeholfen, die Wahlkämpfe von Donald Trump und Marine Le Pen zu befeuern. Aber was wäre geschehen, wenn diese Regionen die von uns beschriebene Suche nach neuen wirtschaftlichen Möglichkeiten bereits hinter sich und einen Konsens über den einzuschlagenden Weg erzielt hätten – wenn also die Versprechungen dieser Demagogen mit ihrer Beschwörung einer Rückkehr zu vergangener Größe als hohl und leer entlarvt worden wären? Man könnte sich vorstellen, dass ein solcher Konsens eine breitere Bewegung mobilisieren würde, an der sich all jene beteiligen, die sich von den fremdenfeindlichen, spalterischen Kampagnen dieser destruktiven Gestalten abgestoßen fühlen.

Tatsächlich haben wir hier das Modell eines demokratischen Gegenschlags gegen aktuelle Tendenzen der Stagnation und fremdenfeindlichen Ausgrenzung, die sich gegenseitig immer weiter verstärken. Diese Art Synergie ist es, die wir brauchen. Demokratie an der Basis ist eine ihrer wichtigsten Komponenten.[22]

Schluss

Dieses Buch handelt von der gegenwärtigen Krise unserer Demokratien, doch wahrscheinlich werden in Zukunft organisierte lokale Gemeinschaften eine immer wichtigere Rolle spielen müssen. In den Volkswirtschaften der westlichen Welt werden durch Globalisierung und Robotisierung möglicherweise noch mehr gut bezahlte Arbeitsplätze vernichtet werden. Der Standardweg zur Sicherung der Vollbeschäftigung in diesen Volkswirtschaften ist derzeit ein kontinuierliches Produktionswachstum. Das heißt: Je mehr Menschen in schrumpfenden Industriesektoren ihren Arbeitsplatz verlieren, desto mehr neue Arbeitsplätze müssen geschaffen werden.

Das liegt nicht nur daran, dass es unseren heutigen Gesellschaften an Fantasie mangelt, sondern auch daran, dass unsere Vorstellung dessen, was es heißt, als Bürger:in einen nützlichen Beitrag zum Gemeinwohl zu leisten, von der Marktproduktion geprägt ist: den Arbeiter:innen oder Unternehmer:innen, die etwas produzieren, was Konsument:innen zu kaufen bereit sind. Doch in der entwickelten Welt sind Gesellschaften vorstellbar, die aus dem Verkauf von Exportgütern – Gütern, die aus weitgehend automatisierten Industriebranchen stammen – immense Einkünfte erzielen. Der so erwirtschaftete Überschuss könnte der Bevölkerung dieser Länder ein garantiertes jährliches Einkommen bereitstellen, auch denjenigen, die keinen Job finden.

Diese Lösung allein wäre allerdings kein gangbarer Weg, weil sie den Massen arbeitsloser Einkommensempfänger kein Gefühl ihrer Würde und ihres Werts verschaffen kann. Der Verlust traditioneller Arbeitsplätze wird sich zur selben Zeit vollziehen, da der Bedarf an personenbezogenen Dienstleistungen wächst: weil unsere Bevölkerung immer älter wird und die Leute früher in Rente gehen; weil die fachlichen Anforderungen auch an einfache Jobs steigen; und weil (aktuellen Trends zufolge) immer mehr Schulkinder eine spezielle Betreuung benötigen.

Was wir brauchen, ist ein kultureller Wandel, bei dem neue Formen der Beschäftigung, die anderen Menschen zugutekommen, aber nicht auf kontinuierlichem Produktionswachstum und dem stetigen Verbrauch nicht erneuerbarer Energien basieren, für eine große Zahl von Menschen sinnvoll werden können. Gleichzeitig wird in Zukunft der Bedarf an Personen steigen, die in den Humandienstleistungen tätig sind. Hier könnte eine unserer Antworten auf das Problem schwindender regulärer Arbeitsplätze liegen, die traditionell mit dem Status des Ernährers verbunden waren.

In dieser neuen Epoche werden mehr Arbeitskräfte in den Humandienstleistungen gebraucht, es wird aber auch neue Formen der Aus- und Weiterbildung sowie der Betätigung in künstlerischen Bereichen und in neuen Dienstleistungssektoren geben. Menschen, die diese Kompetenzen erworben haben, könnten sich somit ein Einkommen verdienen; die neuen Bildungsangebote und Formen der künstlerischen Betätigung würden den Menschen aber vor allem die Möglichkeit geben, ein kreativeres Leben zu führen, auch wenn sie damit kein Einkommen erwirtschaften.

Wir sehen die Notwendigkeit, den aus der Produktion verkäuflicher Güter und Dienstleistungen erwirtschafteten kollektiven Reichtum in diesen Bereich der Humandienstleistungen umzuschichten. Das widerspricht vielen der Prämissen unserer neoliberalen Gesellschaften, die bestrebt sind, die Kosten der kollektiven Dienstleistungen gering und die Steuern niedrig zu halten, um Wachstum und damit Arbeitsplätze im privaten Sektor zu fördern. Neben dieser radikalen Verlagerung von Budgetprioritäten könnte auch die strikte Trennung zwischen bezahlter Arbeit und ehrenamtlicher Tätigkeit aufgehoben werden. In vielen modernen Gesellschaften werden heute wichtige Aufgaben im Gesundheits- und Bildungssektor von Ehrenamtlichen übernommen: die Beaufsichtigung von Kindern bei Schulausflügen, die Begleitung älterer Menschen bei Arzt- oder Behördengängen etc. Diese Lücke muss von Ehrenamtlichen gefüllt werden, weil die offiziellen Institutionen dafür keinen Etat zur Verfügung haben und es sich daher auch nicht leisten können, für diese Aufgaben feste Mitarbeiter:innen einzustellen.

Wir stellen uns eine neue Gesellschaft ohne halsbrecherisches Wachstum vor, in der die Dichotomie zwischen bezahlter und ehrenamtlicher Arbeit aufgeweicht wird und sich mehr Menschen zu Tätigkeiten ermuntert fühlen, die derzeit von Ehrenamtlichen übernommen werden. Diese Menschen wären zwar prinzipiell Ehrenamtliche, aber einige ihrer Aufwendungen würden bezahlt werden. Stellen wir uns eine Gesellschaft mit einem garantierten Mindesteinkommen vor. Vielen würde dieses Geld wahrscheinlich nicht ausreichen, sodass sie sich einen Teilzeitjob suchen werden. In der Welt, die wir uns vorstellen, könnte dies eine ehrenamtliche Tätigkeit in einem Krankenhaus, einer Schule, einem Seniorenheim oder einem Gemeinschaftsgarten sein, die durch eine kleinere oder größere Aufwandsentschädigung an Attraktivität gewinnt.

Ein solches Konzept könnte natürlich nur auf lokaler Ebene umgesetzt werden. Es müsste dafür ein fester Etat zur Verfügung gestellt und der Bedarf der örtlichen Gesundheits- und Bildungseinrichtungen in ihrer ganzen

Bandbreite berücksichtigt werden. Die auf diese Weise organisierten und mobilisierten Kommunen müssten ihr Schicksal in die eigenen Hände nehmen, um den Bedürfnissen ihrer Bevölkerung so gut wie möglich Rechnung zu tragen – den Bedürfnissen derjenigen, die diese Gesundheits-, Pflege- und Bildungsangebote in Anspruch nehmen, aber auch derjenigen, die durch ihre ehrenamtliche Tätigkeit einen Beitrag zum Gemeinwohl leisten und darin einen Lebenssinn finden.

Unsere Hoffnung ist, dass wir dann nicht mehr zwischen Beschäftigten mit regulären Vollzeitjobs und Sozialhilfeempfängern unterscheiden, die mit den Steuern der Erwerbstätigen unterstützt werden. Es gäbe andere legitimierte Möglichkeiten, zum Gemeinwohl beizutragen, sodass diese scharfe Trennung verschwinden würde. Es gäbe Menschen, die aufgrund ihrer zusätzlichen Schulung in einem akademischen Fach oder einem künstlerischen Bereich Erfüllung darin finden, unentgeltlich öffentliche Vorträge oder Seminare zu halten. Es gäbe eine Vielzahl von Ehrenamtlichen, die durch finanzielle Anreize motiviert sind, diese Tätigkeit auszuüben, es gäbe aber auch ehrenamtlich Tätige, die keine finanzielle Unterstützung brauchen, und es gäbe Menschen in Teilzeit- und Vollzeitjobs. Die scharfe Trennung zwischen beiden Bereichen würde abgebaut. Natürlich müssten auch dann trotzdem grundlegend andere Prioritäten in der Haushaltsplanung gesetzt werden, aber dank dieser neuen Möglichkeiten könnte den humanitären Bedürfnissen der Gesellschaft in vollem Umfang Rechnung getragen werden.

Es gilt also, neue Wege zu finden, um lokale Gemeinschaften zu ermutigen und anzuspornen, ihr Schicksal selbst in die Hand zu nehmen. Der Aufbau von Demokratie an der Basis spielt für die Lösung unserer gegenwärtigen Krise eine entscheidende Rolle. Er wird aber auch ein wichtiger Bestandteil jener humaneren und weniger wachstumsbesessenen Gesellschaft sein, die wir in Zukunft aufbauen wollen.

Dank

Unser großer Dank gilt André Lima für die Vorbereitung und Bearbeitung des Manuskripts, Simon Meisch für seine hilfreichen Kommentare und allen voran Lukas Kübler für die engagierte Bearbeitung des Textes in seiner englischen und deutschen Fassung. Wir danken auch Aube Billard, die unseren Schreibprozess mit Geistesblitzen und guter Laune begleitet hat.

Anmerkungen

1 »Democracy Perception Index 2018«, Alliance of Democracies Foundation, Dalia Research, und Rasmussen Global, Juni 2018, http://www.allianceofdemocracies.org/wp-content/uploads/2018/06/Democracy-Perception-Index-2018-1.pdf. Siehe auch den World Values Survey: R. Inglehart, C. Haerpfer, A. Moreno, C. Welzel, K. Kizilova, J. Diez-Medrano, M. Lagos, P. Norris, E. Ponarin, B. Puranen u. a. (Hrsg.), »World Values Survey: Round Six-Country-Pooled Datafile Version«, 2014, www.worldvaluessurvey.org/WVSDocumentationWV6jsp, Madrid: JD Systems Institute. Eine eher pessimistische Sicht vertreten Foa und Mounk in ihrem viel diskutierten Aufsatz: Roberto Stefan Foa und Yascha Mounk, »The Danger of Deconsolidation: The Democratic Disconnect«, *Journal of Democracy* 27, Nr. 3 (Juli 2016): S. 5–17, https://www.journalofdemocracy.org/wp-content/uploads/2016/07/FoaMounk-27-3.pdf
2 Siehe zum Beispiel Thomas L. Friedman, »Where American Politics Can Still Work: From the Bottom Up«, *New York Times*, 3. Juli 2018. Siehe auch neuere lokale Wirtschaftsinitiativen in den Vereinigten Staaten: »Local Economy Framework«, BALLE, https://bealocalist.org/local-economy-framework/.
3 Joanna Levitt Cea und Jess Rimington, »Creating Breakout

Innovation«, *Stanford Social Innovation Review* (Sommer 2017), S. 31–39.
4 Elvire Meier-Comte, *Knowledge Transfer and Innovation for a Western Multinational Company in Chinese and Indian Technology Clusters* (Augsburg: Rainer Hampp, 2012).
5 Bruno Latour, »Passer de la plainte à la doléance«, *Le Monde*, 10. Januar 2019.
6 Luke Bretherton, *Resurrecting Democracy: Faith, Citizenship, and the Politics of a Common Life* (Cambridge: Cambridge University Press, 2015).
7 Diese Feststellungen sowie weitere Kommentare aus der lokalen Bevölkerung finden sich in dieser von FSG und Network Impact für die John S. and James L. Knight Foundation durchgeführten Fallstudie: FSG und Network Impact, *Case Studies: How Four Community Information Projects Went from Idea to Impact*, Februar 2013, https://www.knightfoundation.org/reports/case-studies.
8 FSG und Network Impact, *Case Studies*.
9 FSG und Network Impact, *Case Studies*.
10 »Soul of the Community«, Knight Foundation, https://knightfoundation.org/sotc.
11 Unsere Darstellung des Market-Creek-Plaza-Projekts basiert auf der von PolicyLink für die Jacobs Family Foundation erstellten Fallstudie: Lisa Robinson, Judith Bell, Raymond A. Colmenar und Milly Hawk Daniel, *Market Creek Plaza: Toward Resident Ownership of Neighborhood Change: A PolicyLink Case Study* (Oakland, CA: PolicyLink, 2005).
12 Ashley Graves Lanfer und Madeleine Taylor, *Immigrant Engagement in Public Open Space: Strategies for the New Boston*, zuletzt modifiziert im Dezember 2010, https://www.barrfoundation.org/blog/immigrant-engagement-in-public-open-space. Zur Bedeutung von Kunst für die Schaffung und Ermächtigung öffentlicher Räume, die damit auch zu

»Orten« werden, siehe Christine Bernier und Aube Billard, »Democratic Agendas«, veranstaltet vom Centre for Transcultural Studies zusammen mit dem Istanbul Policy Center, Istanbul, 19.–20. Juni 2015.

13 Robinson u. a., *Market Creek Plaza*.

14 Die Schaffung von Netzwerken als Plattformen für einen vielfältigen und nachhaltigen sozialen Wandel ist eine zunehmend verbreitete Strategie zur Lösung komplexer Probleme, für die es kein Patentrezept gibt. Siehe Peter Plastrik, Madeleine Taylor und John Cleveland, *Connecting to Change the World: Harnessing the Power of Networks for Social Impact* (Washington, D.C.: Island Press, 2014).

15 Peter Plastrik und Madeleine Taylor, *Lawrence CommunityWorks: Using the Power of Networks to Restore A City* (Barr Foundation, März 2004), S. 3.

16 Plastrik und Taylor, S. 5.

17 Im nächsten Abschnitt über den Bürgerrat für Asyl- und Flüchtlingspolitik werden wir dieses Modell genauer vorstellen.

18 Zum vollständigen Abschlussbericht des Bürgerrats mit Äußerungen von Teilnehmenden siehe https://dk-media.s3.amazonaws.com/AA/AL/diapraxis/downloads/297775/Doku_BR_Asyl1-Engl-EndVers.pdf (in englischer Sprache); eine Kurzfassung findet sich unter https://participedia.net/case/5383.

19 Patrizia Nanz und Claus Leggewie, *Die Konsultative. Mehr Demokratie durch Bürgerbeteiligung* (Berlin: Verlag Klaus Wagenbach, 2016).

20 Siehe das Beispiel Wisconsin, wo Incourage und andere lokale Interessengruppen sich bemühen, staatliche Funktionsträger:innen in die weitere Entwicklung und Finanzierung des *Tribune*-Projekts einzubinden. Es handelt sich hier zwar nicht um einen Zukunftsrat, das Beispiel zeigt jedoch die

Konvergenz von bürgerschaftlicher Deliberation und der Entscheidungsfindung des öffentlichen Sektors.

21 Bundesministerium für Wirtschaft und Energie, *Entwurf eines Strukturstärkungsgesetzes Kohleregionen*, August 2019, https://www.bmwi.de/Redaktion/DE/Downloads/E/entwurf-eines-strukturstaerkungsgesetzes-kohleregionen.pfd?__blob=publicationFile&v=10.

22 In ihrem kenntnisreichen und spannenden Buch *Our Towns* dokumentieren James und Deborah Fallows den Reichtum an Ideen und unternehmerischen Initiativen zahlreicher Kommunen in den Vereinigten Staaten. Die Autoren bedauern allerdings, dass diese Initiativen von der US-Regierung nicht unterstützt und vorangebracht werden. Auch wir halten eine gewisse Synergie zwischen diesen Gemeinschaften und der Regierung für entscheidend, damit die amerikanische Demokratie wiederaufgebaut werden kann. James Fallows und Deborah Fallows, *Our Towns: A 100,000-Mile Journey into the Heart of America* (New York: Pantheon Books, 2018).

Aktivitäten der Körber-Stiftung im Programmbereich »Demokratie«

Im Programmbereich »Demokratie« setzt sich die Körber-Stiftung für die Stärkung der Demokratie, eine lebendige Bürgergesellschaft und die Förderung von Partizipation und Teilhabe ein. Ziel der vielseitigen Programme ist es, Akteure aus Politik, Verwaltung, Wirtschaft, Wissenschaft und Zivilgesellschaft miteinander ins Gespräch zu bringen und den gesellschaftlichen Herausforderungen der Zukunft gemeinsam zu begegnen.

Der Fokus des Programmbereichs richtet sich insbesondere auf die kommunale Gestaltungskraft von Bürgerinnen und Bürgern, die durch innovative Beteiligungsformate und Bürgerdialoge aktiv in die Entwicklung einer nachhaltigen, sozialen und lebenswerten Zukunft ihrer Stadt, ihres Viertels und ihrer Nachbarschaft eingebunden werden. Um Austausch, Diskurs und Vernetzung zu fördern, lädt der Programmbereich darüber hinaus regelmäßig zu Fachgesprächen, Konferenzen und Diskussionsrunden ein.

> Deutschland besser machen

Im Rahmen der Initiative »Deutschland besser machen – mit der zukunftsfähigen Stadt« verfolgt die Körber-Stiftung, unterstützt vom Deutschen Städtetag, einen kommunalen Ansatz: Vor Ort entwickeln Verwaltung, Politik und Zivilgesellschaft gemeinsam Szenarien für eine nachhaltige, lebenswerte und soziale Zukunft ihrer Städte. Die dabei identifizierten Schwerpunktthemen werden anschließend mit Bürgerinnen und Bürgern der teilnehmenden Städte breit diskutiert. Ziel ist die Verständigung auf eine wünschenswerte Zukunft, zu der die Beteiligten konkrete Beiträge in ihren Umfeldern leisten können. »Deutschland besser machen« baut auf unseren Erfahrungen von Bürgerdialogen in fünf Landkreisen und acht Städten auf, die wir mit Partnern erfolgreich durchführen konnten.

> Forum Offene Stadt

Die Digitalisierung gemeinwohlorientiert zu gestalten, ist das Ziel der größten Fachkonferenz für Open Data und Open Government in Deutschland, »Forum Offene Stadt«, zu dem die Körber-Stiftung und ihr Projektpartner Code for Hamburg einmal im Jahr einladen. Gemeinsam mit Digitalexpertinnen und -experten sowie interessierten Bürgerinnen und Bürgern wird über die neusten Trends, aber auch über Chancen und Herausforderungen der Digitalisierung, insbesondere in den Themengebieten Open Data und Open Government, diskutiert und eine nachhaltige, soziale Gestaltung der digitalen Zukunft vorangetrieben.

> Stärkung der Demokratie

Im Rahmen des Studienprojekts »Stärkung der Demokratie« arbeitet die Körber-Stiftung mit dem Philosophen und Staatsminister a.D. Prof. Julian Nida-Rümelin zusammen, um einen analytischen Blick auf die aktuellen Herausforderungen der Demokratie zu werfen. Die erste Publikation »Demokratie in der Krise – Ein Weckruf zur Erneuerung im Angesicht der Pandemie« befasst sich mit der Frage, wie Demokratien durch eine Stärkung demokratischer Institutionen und nachhaltige Bürgerbeteiligung in Zukunft resilienter gegen Krisen werden und so auch in Phasen des gesellschaftlichen Umbruchs ihre Handlungsfähigkeit erhalten können.

www.koerber-stiftung.de

MIX
Papier aus verantwor-
tungsvollen Quellen
FSC® C083411